☆ 로블록스 스튜디오를 활용한 ☆

나만의 로블록스 게임 만들기

YoungJin.com Y.
영진닷컴

THE ULTIMATE ROBLOX BOOK (Updated Edition)
Copyright © 2022 by David Jagneaux, Heath Haskins
Published by arrangement with Adams Media, an imprint of Simon & Schuster, Inc., 1230 Avenue of
the Americas, New York, NY 10020, USA.
All rights reserved.

Korean Translation Copyright © 2023 by Youngjin.com Inc.
Korean edition is published by arrangement with Simon & Schuster, Inc.
through Imprima Korea Agency

ISBN 978-89-314-6774-1

독자님의 의견을 받습니다.

이 책을 구입한 독자님은 영진닷컴의 가장 중요한 비평가이자 조언가입니다. 저희 책의 장점과 문제점이
무엇인지, 어떤 책이 출판되기를 바라는지, 책을 더욱 알차게 꾸밀 수 있는 아이디어가 있으면 팩스나 이
메일, 또는 우편으로 연락주시기 바랍니다. 의견을 주실 때에는 책 제목 및 독자님의 성함과 연락처(전화
번호나 이메일)를 꼭 남겨 주시기 바랍니다. 독자님의 의견에 대해 바로 답변을 드리고, 또 독자님의 의견
을 다음 책에 충분히 반영하도록 늘 노력하겠습니다.
파본이나 잘못된 도서는 구입하신 곳에서 교환해 드립니다.

이메일 : support@youngjin.com
주 소 : (우)08507 서울특별시 금천구 가산디지털1로 128 STX-V 타워 4층 401호 ㈜영진닷컴
등 록 : 2007. 4. 27. 제16-4189호

STAFF
저자 데이비드 재그노, 히스 해스킨스 | **번역** 최성진 | **총괄** 김태경 | **기획** 최윤정, 윤지선 | **디자인 · 편집** 박지은
영업 박준용, 임용수, 김도현 | **마케팅** 이승희, 김근주, 김도연, 김민지, 임해나 | **제작** 황장협 | **인쇄** 예림인쇄

CONTENTS

PART 1

기초 다지기

Chapter 1: 로블록스의 기초   12

사람들은 왜 로블록스를 플레이할까요?   13

로블록스 계정 만들기   14

프로필의 나머지 부분 설정하기   17

로블록스 웹사이트 둘러보기   21

로블록스를 즐기는 방법   29

Chapter 2: 첫 걸음 떼기   34

아바타를 꾸미는 방법   35

로벅스와 프리미엄 계정   36

로블록스 게임 즐기기   39

최고의 로블록스 게임들   42

인-게임 인터페이스 이해하기   46

다른 사람들과 플레이하기   49

PART 2

빌딩과 스크립팅

Chapter 3: 로블록스 스튜디오의 기초   52

로블록스 스튜디오 이해하기   53

홈 메뉴   54

로블록스 스튜디오 둘러보기   61

모델 메뉴   61

지형 편집기   62

테스트 메뉴   66

보기 메뉴   67

플러그인 메뉴   69

Chapter 4: 첫 게임 만들기   71

게임 아이디어 생각하기   72

게임 제작 기초   73

간단한 로블록스 게임 만드는 5단계   74

Chapter 5: 월드 만들기   82

당신의 세계는 어떻게 보일까요?   83

상상 속의 세계를 로블록스 월드로 만들기   85

Chapter 6: 오브젝트 만들기   88

로블록스 도구상자가 좋은 이유   89

다양한 오브젝트의 종류   90

나만의 오브젝트 만들기   91

로블록스에 모델을 올리는 3단계   96

오브젝트를 더 만들어서 연습하기   98

Chapter 7: 고급 건축 기술   101

고급 건축 기술 이해하기   102

세계, 처음부터 만들기   102

고급 모델 만들기   108

레이싱 게임 만드는 5단계   114

Chapter 8: 스크립트의 기초   118

그래서 스크립트가 뭔가요?   119

스크립팅이 어떻게 기본적인 컴퓨터 프로그래밍 언어인가요?   120

게임에서 쓸 수 있는 간단한 스크립트   121

Chapter 9: 고급 스크립팅   127

알아야 할 핵심 용어들   128

고급 스크립트가 뭘 할 수 있나요?   129

액션 게임 만드는 5단계   130

PART 3
고급 유저

Chapter 10: NPC 만들기   140
무엇이 NPC를 멋지게 만드나요?   141
NPC가 어떤 종류의 게임에 도움이 되나요?   142
로블록스에서 NPC 만드는 법   144

Chapter 11: 퀘스트 만들기   152
내 게임에 맞게 퀘스트 만들기   153
어떤 게임들이 퀘스트와 잘 맞나요?   153
퀘스트를 만드는 가장 좋은 방법   154
퀘스트로 게임 콘텐츠 균형 맞추기   155

Chapter 12: 멀티플레이어를 위한 게임 최적화하기   156
어떤 게임이 멀티플레이어가 어울리나요?   157
플레이어들간 방해 제한하기   158
플레이어를 게임에 돌아오도록 하는 방법   160

Chapter 13: 게임 마무리   163
계속 수정하고 변경하기   164
도구상자에 있는 아이템 수정하기   165
게임 오디오와 사운드   167
게임 내 하늘 바꾸기   169
점수판 추가하기   170
게임 공개를 위한 마무리   171

Chapter 14: 로블록스에서 돈 벌기   175
로벅스가 뭔가요?   176
로블록스에서 돈을 버는 건 쉽지 않습니다.   176
이미 만들어진 게임에서 돈 벌기   177
한정판 아이템 팔고 거래하기   182
로벅스 사기 피하기   183

부모님을 위한 Q&A   185
추가자료   193

소개

게임을 하면서 무언가 캐릭터 특성을 다양하게 만들거나, 세계를 바꾸거나 새로운 레벨을 넣는 상상을 해보신 적이 있나요? 아니면 레고로 정말 높은 건물을 만들다가 블록을 다 써 버린 적이 있으신가요? 그렇다면 로블록스를 좋아하시게 될 겁니다!

로블록스는 당신이 꿈꾸는 게임을 만들 수 있도록 해줍니다. 큰 회사들이 만드는 게임들만 할 필요가 없어지는 거죠.

로블록스에서는 친구들과 다양한 게임을 탐험할 수 있습니다. 어떤 게임들은 그냥 장난 수준이지만, 어떤 게임은 다양한 목표를 가지고 있고 또 다른 게임은 도시나 행성 전체를 만드는 일을 할 수가 있죠.

로블록스의 가장 좋은 점은 당신이 꿈을 꾸는 모든 걸 이룰 수 있는 게임이라는 겁니다.

예시로는

- 당신이 좋아하는 것으로 가득 찬 집을 지어둔 섬을 만들어서 친구들을 초대해서 파티하며 놀 수 있어요
- 좀비 아포칼립스의 세계를 만들어서 친구들과 함께 무시무시한 괴물들을 물리치며 생존할 수 있어요
- 거대한 사탕이 가득한 세계에서 사탕과 막대 사탕을 모으는 장난스러운 게임을 만들 수 있어요

이 책은 당신이 어떻게 친구들과 당신이 진짜로 좋아할 게임을 만들 수 있는지 알려드릴 겁니다.

주로 무엇을 배울 것인가 하면

- 로블록스 사이트에 있는 것: 웹사이트 사용법과 게임을 하는 것, 친구들과 채팅하는 것과 같이 로블록스가 제공하는 모든 것들

- 로블록스 스튜디오 사용법: 게임을 만들기 위한 개발 프로그램 사용하는 방법
- 멋진 세계를 만드는 법: 지형 건설과 넓은 환경 만드는 방법
- 당신의 게임에 재미있는 물건과 캐릭터 넣기: 건물이나 자동차, 무기 혹은 적 같이 당신이 넣고 싶은 모든 것!
- 스크립트 짜는 법: 루아 프로그래밍 언어가 무엇이고, 어떻게 쓰는지 배우기
- 좋은 퀘스트나 임무 만드는 법: 목표를 찾아서 내 게임을 목적이 있는 플레이가 가능한 게임으로 만드는 법.
- 많은 사람이 재밌어 할 게임을 만드는 법: 점수, 협동 그리고 경쟁과 시간과의 경쟁 같은 요소
- 로블록스에서 돈 버는 방법: 많은 사람이 재미로 게임을 만들기 시작해서 자신 커리어의 일부로 만들었습니다.

이미 당신의 머릿속에는 수만 가지 아이디어가 있을 것을 압니다. 이제 만들어 봅 시다!

언제나 새로운 로블록스

이 책은 로블록스에 대한 많은 정보를 담고 있지만 게임에 대한 모든 정보를 구석구 석 완벽하게 담고 있지는 않습니다. 다른 실력 있는 개발자처럼 로블록스는 항상 새 로운 기능과 플레이하는 방법을 추가하기 때문에, 하나의 책으로 모든 걸 설명하기 는 어렵습니다. 하지만 게임을 이해하기엔 정말로 좋은 책이라는 점은 장담할 수 있 습니다.

그리고 이 책은 로블록스를 통해서 물건을 사고 팔아서 "빠르게 부자 되는 법"과 같 은 편법은 다루지 않습니다. 당신이 인터넷에서 뭘 봤든 간에 로블록스에서 돈을 버 는 유일한 방법은 노력과 창의성, 그리고 전념뿐입니다.

PART

1

기초 다지기

CHAPTER 01

로블록스의 기초

레고로 정교한 건물이나 자동차, 아니면 다른 엄청나게 멋있는 걸 만들어 봤나요? 만약에 그런 게 재밌었다면 이미 로블록스의 핵심은 이해한 겁니다. 레고가 디지털 형태로 있다고 상상해 보세요. 그게 바로 무한한 확장성을 가진 로블록스의 핵심입니다. 그뿐만 아니라 전 세계에 있는 다양한 사람들과 함께 즐길 수가 있죠. 로블록스는 단순한 게임이 아닙니다. 게임을 만들거나 경험할 때 사용하는 곳이자, 모두가 모여서 상상하며 게임을 만드는 광장에 더 가깝습니다.

로블록스는 2006년에 출시한 이후 2021년, 월간 1억 7천만 명의 플레이어들과 84억 3천만 시간 이상의 플레이 타임, 3,710만 명이 넘는 유저들이 활동하는 게임으로 성장했습니다.

로블록스 게임 NAMED WORLD // ZERO ⓒROBLOX GROUP: WORLD // ZERO, REDMANTASTUDIO

이번 챕터에서는 사람들이 로블록스를 하는 이유, 로블록스와 마인크래프트의 비슷한 점 그리고 로블록스 계정을 만드는 법과 프로필 관리, 로블록스 사이트에 로그인한 후에 할 수 있는 것들을 알아볼 겁니다. 또한 사용하는 기기와 상관없이 로블록스를 즐기는 방법에 대해서도 배워봅시다.

사람들은 왜 로블록스를 플레이할까요?

로블록스는 당신이 원하는 모든 것을 가능하게 하는 게임입니다. 제다이가 되고 싶다면 스타워즈 게임을 하면 되고, 유명 축구 선수가 되고 싶다면 최신 피파 게임을 하면 되죠. 하지만 나만의 레스토랑을 만들고 스파이더맨 코스튬을 입은 채 손님을 받고 싶다면요? 기성 게임에서는 이런 것들을 할 수 없습니다.

하지만 한계가 없는 로블록스에서는 모든 것이 가능합니다. 저는 최선을 다해서 여러분들이 어떻게 자신의 꿈을 펼치고 이를 게임으로 만들 수 있는지 알려 주고, 더 배우고 발전할 수 있는 올바른 방향을 안내할 겁니다.

로블록스의 또 다른 매력은 해 볼 수 있는 멋진 것들이 다양하다는 겁니다. 원한다면 아무것도 지불하지 않고 무료로 무언가를 만들고 플레이할 수 있습니다. 레고처럼 생긴 블록으로 게임을 만들고, 큰 산과 흐르는 강이 있는 거대한 세상을 만들 수도 있죠. 몇몇 사람들은 많은 시간을 투자해서 그 세상을 자신의 것으로 만들고 친구들과 함께 공유하기도 합니다.

01 로블록스는 마인크래프트랑 비슷한가요?

아까 이야기한 바와 같이, 로블록스를 처음 보았다면 아마 당신이 해 봤거나 들어본 유명 건설 게임 '마인크래프트'와 비슷해 보일 겁니다.

게임 마인크래프트 스크린샷 ⓒMOJANG AB

로블록스는 게임이라기보다는, 로블록스 스튜디오를 통해서 '입양하세요!', '제일브레이크' 그리고 '피기'와 같은 게임들을 만드는 플랫폼에 더 가깝습니다. 반면에 마인크래프트는 자바라는 다른 프로그래밍 언어를 사용하여 만들어진 게임입니다. 그래도 여전히 "로블록스 하세요?"라고 물어볼 정도인가요? 다음은 로블록스와 마인크래프트의 차이점입니다.

마인크래프트 vs 로블록스	
마인크래프트	**로블록스**
랜덤으로 생성된 게임 월드	처음부터 직접 만들어 나가는 게임
건설과 생존에 집중	원하는 것은 뭐든지 할 수 있음
모든 월드가 비슷하게 생김	비슷한 게임을 찾기 어려움

 ## 로블록스 계정 만들기

이제 계정을 만들어 봅시다! 로블록스 사이트(Roblox.com)에 접속하면 다음과 같이 생긴 홈페이지가 보일 겁니다.

로블록스 홈페이지 ⓒROBLOX CORPORATION

계정을 만드는 과정은 간단합니다. 만 13세 이하라면 부모님과 같이 해야 합니다. 계정을 만들기 위해서는 양식에 필요한 정보를 입력하면 됩니다.

01 생년월일

자신의 진짜 생일을 적으세요. 만 13세 이하라면 부모님에게 회원가입을 해도 되는지 물어보는 것을 잊지 마세요(부모님들은 책 끝에 있는 Q&A에서 필요한 정보를 알아볼 수 있습니다).

02 사용자 이름

게임 내에서 다른 사람들이 당신을 부르는 이름입니다. 사용자 이름은 게임을 할 때 캐릭터 머리 위에 뜨거나, 프로필에 걸리거나, 최고 점수를 받았을 때 등 다양하게 사용됩니다. 당신과 다른 사람들이 기억하기 편한 이름을 생각해 보세요. 그렇다고 진짜 이름이나 이를 짐작할 수 있을 만한 것은 사용하지 마세요. 만약 사용하고 싶은 사용자 이름이 이미 사용 중이라면 사이트가 알려 줄 겁니다. 그렇게 되면 다른 이름을 사용해야겠죠. 이름을 정하기 전에 부모님과 상의해 보세요. 닉네임은 이후에 로블록스에서 정할 수 있는데, 사용자 이름 대신 나타나게 되며 꼭 설정해야 하는 건 아닙니다.

03 비밀번호

비밀번호는 최소 여덟 자 길이로, 영어와 숫자를 포함해야 합니다. 비밀번호에 진짜 이름이나 사용자 이름을 사용하면 다른 사람이 추측할 수 있으니 피하는 게 좋으며, 될 수 있으면 영어 대문자와 소문자, 특수문자, 숫자를 섞어서 쓰는 게 좋습니다. 잃어버릴 때를 대비하여 다른 곳에 적어 두고, 어떤 비밀번호가 좋을지 부모님과 상의해 보는 것도 좋습니다.

절대로 다른 사람과 비밀번호를 공유하지 마세요! 무슨 이유든 간에 절대로요!

04 성별

남자 아이콘 또는 여자 아이콘을 선택하거나 아예 선택하지 않아도 됩니다. 아바타의 첫 모습을 어떤 성별로 할 것인지 정해서 당신과 아바타를 더 가깝게 하려는 것이니, 선택하지 않아도 큰 상관은 없습니다. 여러분과 다른 성별로 선택하거나 성별없이 플레이해도 문제가 없으니 편한 대로 결정하세요.

05 마무리 단계

회원가입 버튼을 클릭하기 전에 이용 약관과 개인정보 처리방침을 읽고, 동의한다면 회원가입 버튼을 클릭하여 마무리합니다(동의하기 전에 여러 번 읽고 부모님과 상의해 보세요).

인증 ©ROBLOX CORPORATION

06 이메일 주소 추가하기

계정을 생성했다면, 가입할 때 이메일 주소를 꼭 추가하지 않아도 된다는 것을 봤을 거예요. 만 13세 이상이라면 가입할 때 이메일 주소가 필요하지 않지만, 이메일 주소를 기입하지 않으면 로블록스에서 할 수 있는 것들에 많은 제한을 받게 됩니다. 예시로 포럼을 이용할 수 없고, 로벅스를 사거나 사용할 수 없습니다(로벅스는 로블록스에서 사용하는 가상 화폐로, 게임 안에서 업그레이드를 하거나 특수한 아이템을 구매하는 데 사용됩니다).

계정 설정 아이콘 ⓒROBLOX CORPORATION

웹사이트에 로그인 후 오른쪽 위에 있는 톱니바퀴 아이콘을 클릭한 다음, 드롭다운 메뉴에서 설정을 선택하세요. 이 페이지에서 이메일 주소를 추가할 수 있습니다. 추가하고 나면 이메일로 링크를 발송해 주며, 이 링크를 클릭하면 계정 설정이 완료됩니다.

프로필의 나머지 부분 설정하기

프로필 설정 화면으로 돌아와서, 계정 정보 칸 아래를 보면 개인정보와 소셜 네트워크 칸을 볼 수 있습니다. 개인정보 칸에서는 당신에 대한 정보와 언어를 설정할 수 있습니다(단, 주소나 이름 같은 정보는 적지 마세요).

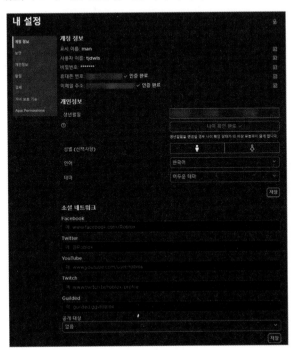

계정 정보 칸 ⓒROBLOX CORPORATION

소셜 네트워크 칸(계정 정보 아래)에는 부모님 동의 하에 페이스북, 트위터, 유튜브, 트위치 계정의 링크를 추가할 수 있습니다. 이러한 링크는 아무에게도 공개하지 않을 것인지, 아니면 내가 팔로우하는 사람이나 나를 팔로우하는 사람 또는 친구, 모두에게 공개할 것인지 설정할 수 있습니다. 당신과 부모님이 생각하기에 가장 편한 설정으로 선택해 주세요.

01 추가 보안 설정

계정을 만들고 나서 지금까지 비밀번호 하나만 만들었습니다. 하지만 만일을 대비해서 보안의 강도를 올리고 싶을 겁니다. 내 설정 페이지의 보안 탭을 보면 사용할 수 있는 추가 보안 설정이 있습니다.

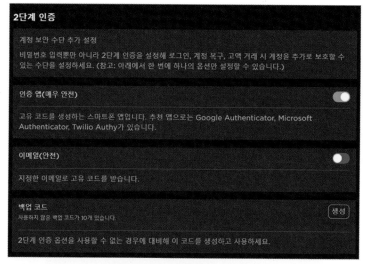

추가 보안 설정 ©ROBLOX CORPORATION

위쪽의 인증 앱과 이메일 설정이 2단계 인증입니다. 누군가가 당신이 이전에 써 본 적 없는 기기를 통해 로그인을 시도하면, 접속 코드가 적힌 이메일을 받게 됩니다. 이 코드를 인증 화면에서 입력하지 못하면 새로운 기기에서 당신의 계정에 접근할 수가 없습니다.

이 설정은 새로운 컴퓨터나 태블릿 등의 새로운 기기를 사용할 때 2차 비밀번호를 입력하기 쉬우면서도 해커들로부터 계정을 지키기 좋은 방법입니다.

비밀번호 보호하기

만약 누군가가 당신에게 비밀번호를 물어보거나 게임 도중에 비밀번호를 물어보는 창이 뜬다면 절대로 비밀번호를 알려 주거나 입력하지 마세요. 이는 해킹 시도이므로, 로블록스에서 직접 보내는 것처럼 보여도 절대로 믿어서는 안 됩니다. 로블록스 개발자는 절대로 게임 내에서 비밀번호를 물어보지 않습니다.

또한 2단계 인증처럼 비밀번호 이외의 추가 보안 수단인 백업 코드도 만들 수 있습니다. 계정 제한 옵션은 부모님들이 웹사이트의 설정이 자녀의 나이에 맞는지 확인할 때 사용하는 수단입니다. 또한, 엑스박스를 가지고 있고 로블록스를 플레이하고 싶다면 이 화면에서 계정을 연동하거나 연동 해제할 수 있습니다. 마지막으로, 보안 로그아웃 옵션은 지금 사용하고 있지 않은 기기도 포함해서 로그인한 모든 기기에서 로그아웃하는 설정입니다.

02 추가 개인정보 설정

내 설정 페이지에서 개인정보 탭을 클릭하면 당신이나 부모님이 게임 내에서 연락할 수 있는 사람과 게임 초대를 보낼 수 있는 사람을 설정할 수 있습니다. 첫 번째 칸은 커뮤니케이션 설정이며 자동으로 '기본값'으로 설정되어 있습니다. 대부분의 개인정보 설정 필드는 '친구'로 설정되어 있지만, 당신이나 부모님이 더 적절한 설정을 선택하여 전부 활성화하거나 비활성화할 수 있습니다. 간단한 클릭으로 누가 당신에게 메시지를 보내고 앱에서 채팅할 수 있는지, 누가 당신과 게임이 가능한지 설정할 수 있습니다.

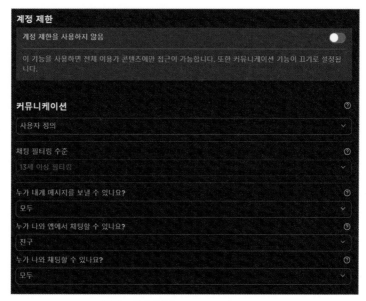

개인정보 설정 페이지 ©ROBLOX CORPORATION

기타 설정은 누가 당신을 비공개 서버로 초대할 수 있고 당신이 있는 서버로 접속이 가능하도록 할지 설정할 수 있습니다.

03 결제

로블록스 계정을 만들고 나면 당신의 계정은 자동으로 무료 등급이 됩니다. 업그레이드를 하고 싶다면 내 설정 페이지에서 결제 탭을 선택하세요. 결제 탭에서 가입 버튼을 클릭하면 프리미엄 멤버십 페이지로 이동합니다. 만약 로블록스에 잠깐 들러 무료 게임을 즐기고 싶은 거라면 프리미엄 멤버십은 그다지 필요하지 않습니다. 하지만, 게임에서 아이템을 팔고 싶다면, 부모님에게 멤버십 업그레이드를 해도 되는지 물어보세요. 프리미엄 계정에 대한 자세한 정보는 챕터 2에서 확인해 주세요.

04 자녀 보호 기능

보다 바람직한 Roblox 경험을 위해 보호자는 아래 두 가지 설정을 할 수 있습니다.

☆ **보호자 PIN:** 보호자는 PIN을 사용하여 설정을 변경하기 전 허락을 받도록 할 수 있습니다.

☆ **이용 가능 체험:** 가입한 계정으로 참가할 수 있는 연령 가이드라인(전 연령, 만 9세, 만 13세)을 선택할 수 있습니다.

로블록스 웹사이트 둘러보기

컴퓨터로 로블록스 사이트에 로그인하면 하지 않았을 때 뜨는 가입 창과는 많이 달라 보이는 페이지가 나옵니다. 여기에는 당신에게 맞는 정보와 유용한 링크들이 가득한 맞춤형 대시보드가 있습니다.

사용자 이름과 아바타 사진 아래에는 다음과 같은 정보가 있습니다.

☆ **친구 목록과 현재 상태**(오프라인, 웹페이지, 게임 중, 스튜디오 작업 중)

☆ **계속 참가하기:** 최근에 플레이한 게임 목록

☆ **추천 게임:** 당신이 플레이한 게임을 기반으로 추천된 게임 리스트

☆ **즐겨찾기:** 즐겨찾기 해 둔 게임 리스트

화면 오른쪽 아래 모퉁이에는 다른 유저들에게 채팅을 보낼 수 있는 채팅 창이 보일 겁니다. 상단 바를 눌러서 창을 띄우거나 최소화할 수 있습니다. 채팅에 관해서는 나중에 알아볼 테니 일단 최소화해 두고, 화면 왼쪽 위에 있는 사이드바에 대해 알아봅시다. 사이드바는 로블록스 곳곳을 둘러볼 때 계속 사용하니 매우 중요합니다. 사이드바에 가장 첫 번째로 있는 옵션은 홈이며 지금 있는 페이지입니다. 그렇다면 이제 다른 옵션도 알아봅시다.

01 프로필

프로필 페이지는 아바타나 당신이 하는 게임 등 당신에 대한 모든 정보가 모여 있는 중앙 허브입니다.

로블록스 프로필 페이지 ©ROBLOX CORPORATION

친구가 몇 명인지, 팔로워가 몇 명인지, 그리고 당신이 팔로우하는 사람이 몇 명인지가 이 페이지에 표시되며, 온라인 상태도 보여 줍니다. 소개 칸은 내 설정 페이지에서 적어 둔 개인정보를 보여 주는 칸이고, 그 아래에는 당신의 아바타를 2D(인쇄된 종이처럼) 또는 3D(장난감 피규어처럼)로 볼 수 있는 공간이 있습니다. 2D와 3D는 버튼을 클릭하여 바꿀 수 있습니다. 오른쪽에는 아바타가 착용 중인 아이템에 대한 정보가 나오며, 각각의 아이템을 클릭하면 자세한 정보를 확인할 수 있습니다. 아바타 칸 아래에는 다음과 같은 정보가 나옵니다. 통계를 제외하고는 활동을 하면서 추가됩니다.

☆ 친구들: 친구 목록과 친구들의 온라인 상태를 보여 줍니다.

☆ 컬렉션: 아바타를 만들 때 사용할 수 있는 아이템들을 보여 줍니다.

☆ 그룹: 당신이 가입한 그룹 목록과 그룹에 대한 정보를 보여 줍니다.

☆ 즐겨찾기: 즐겨찾기 해 둔 게임 목록을 보여 줍니다.

☆ Roblox 배지: 로블록스가 주는 특별한 배지들을 보여 줍니다.

☆ **배지:** 다양한 게임들을 통해 얻은 배지들을 보여 줍니다. 로블록스가 처음이라면 이 부분이 표시되지 않습니다.

☆ **통계:** 로블록스에 가입한 날짜와 플레이스에 방문한 횟수를 보여 줍니다.

02 메시지

왼쪽 사이드바의 다음 탭은 메시지입니다. 받은 메시지는 수신함에서, 보낸 메시지는 발신함에서 확인할 수 있고, 새 소식에서는 로블록스가 보낸 공지 사항을 볼 수 있습니다. 또한, 수신함에 더 이상 없는 메시지들은 보관함에서 읽을 수 있습니다. 로블록스에서만 사용 가능한 기능이지만 이메일과 똑같습니다.

만약 가입한 지 얼마 되지 않았다면 로블록스의 CEO인 Builderman(빌더맨)으로부터 받은 메시지만 있을 겁니다. Builderman은 로블록스의 공동 설립자 중 한 명인 데이비즈 바수츠키(David Baszucki)의 아바타입니다. 친절한 Builderman이 뭘 보냈는지 메시지를 한번 읽어 보세요!

03 친구

친구는 메시지 탭 아래에 있습니다. 아직 추가한 친구나 팔로워, 팔로우 중인 사람이 없다면 할 수 있는 게 별로 없지만, 추가한 적이 있다면 추가한 사람들의 목록을 여기서 확인할 수 있습니다. 만약 누군가 당신에게 친구 요청을 보낸다면 여기서 수락할 수 있습니다. 게임 내에서도 친구 추가를 할 수 있으며, 이 내용은 챕터 2에서 더 자세하게 다루도록 하겠습니다.

04 아바타

그다음 탭은 아바타입니다. 로블록스에서의 아바타는 당신을 표현하는 수단입니다. 플레이하는 모든 게임에서 사람들은 당신의 아바타로 당신을 알아볼 거고, 사용자 이름도 항상 아바타 머리 위에 떠 있을 겁니다. 그러니 아바타는 로블록스 세계에 있는 당신의 미니 버전이라고 봐도 무방합니다. 일부 게임에서는 개발자에 의해 아바타가 제어되고, 게임 내 설정에 따라서 게임 내 캐릭터로 대체됩니다.

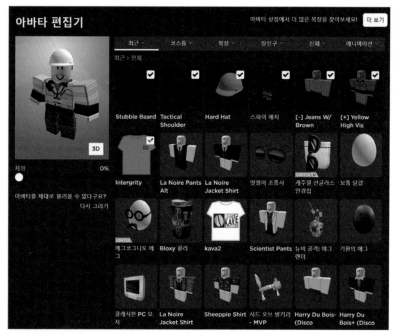

아바타 편집기 ©ROBLOX CORPORATION

아바타를 꾸미는 데 사용한 아이템들은 아바타 편집기 페이지에 나열되어 있습니다. 상단 바를 통해서 '최근', '캐릭터', '복장', '장신구', '신체', '애니메이션'과 같은 옵션을 선택할 수 있습니다. 애니메이션 탭에서는 걷기, 달리기, 오르기 등 아바타가 행동하는 방식을 설정할 수 있습니다. 모든 로블록스 아바타는 동일한 방식으로 동작하도록 세팅되어 있지만, 여기에 있는 애니메이션을 통해서 캐릭터를 더 특별하게 만들 수 있습니다. 아바타 변신에 관한 자세한 내용은 챕터 2에서 다루도록 하겠습니다.

05 인벤토리

다음은 인벤토리입니다. 마치 거대하고 끝없는 4차원 주머니처럼, 당신의 계정이 소유하거나 구매한 모든 물건들이 여기에서 보관됩니다. 모든 것을 사물함 대신에 여기에 빽빽이 넣은 느낌입니다.

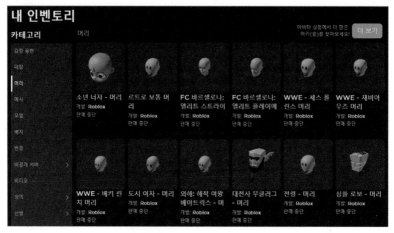

내 인벤토리 ©ROBLOX CORPORATION

인벤토리 창에 나오는 아이템은 꽤나 분명합니다. 대부분의 아이템은 아바타 상점에서 사거나, 등록하거나, 얻을 수(예: 무료 아이템) 있습니다.

06 거래

다음은 거래 탭입니다. 거래는 메시지와 인벤토리의 기능을 합친 것처럼 작동합니다. 다른 플레이어의 로벅스나 아이템을 거래하기 위해서는 당신의 로벅스나 아이템을 지불해야 합니다. 예를 들자면, 당신이 가지고 있는 특별한 아이템을 다른 사람의 1,000로벅스과 교환할 수 있습니다.

거래는 로블록스에서 유저들끼리 아이템 물물교환을 할 때 자주 사용되는 수단입니다. 경고: 모든 거래가 안전한 것은 아닙니다. 몇몇 사람들은 당신의 비싸고 훌륭한 아이템을 훔치려고 할 겁니다. 거래 기능을 사용한다면 조심하고, 사기라고 생각된다면 부모님에게 물어보세요. 거래 조건이 너무 좋아 보인다면, 사기라고 보는 것이 안전합니다.

07 그룹

거래 탭 아래에는 그룹이 있습니다. 여기에서는 만드는 걸 좋아하거나 당신과 비슷한 장르의 게임을 즐기는 플레이어를 찾을 수 있습니다. 또한, 그룹은 플레이어끼리 동맹을 결성해서 다른 그룹과 라이벌 관계를 형성하여 선의의 경쟁을 권장하는 기능도 가지고 있습니다.

그룹 페이지 ©ROBLOX CORPORATION

그룹 메인 페이지에서 다음과 같은 기본 카테고리를 고를 수 있습니다.

☆ 친구 그룹: 당신의 친구가 가입한 그룹, 활동하면서 추가됩니다.

☆ 체험 스튜디오 : 게임을 만드는 데 중점을 둔, 규모가 큰 개발 그룹

☆ 건설 : 현대 혹은 과거를 배경으로 한 일인칭 슈팅 게임이나 전략, 전쟁 게임을 주로 하는 그룹

☆ 롤플레잉: 게임을 엄격하게 플레이하기보다는, 옷을 갖춰 입고 상상하며 역할극을 하는 것에 더 중점을 두는 그룹

☆ 팬클럽: 유튜버나 스트리머, 유명한 사람 또는 특정 주제를 좋아하는 사람들이 모여 있는 그룹

08 블로그

이 탭을 클릭하면 로블록스 웹페이지에서 벗어나 로블록스 회사의 공식 블로그로 연결됩니다. 해당 페이지에서는 게임이나 새로 추가될 기능, 업데이트, 이벤트와 같은 주제에 관해서 로블록스 직원들이 작성한 글들을 확인할 수 있습니다.

블로그 글을 읽지 않더라도 충분히 로블록스 게임을 플레이하고 즐길 수 있지만, 최근 로블록스 소식이나 기능, 이벤트를 가끔 확인하는 것이 게임을 즐기는 데 더 도움이 될 거예요.

09 공식 상점

다음은 공식 상점입니다. 이 버튼은 메인 페이지를 벗어나는 것을 넘어서 로블록스 외부 사이트로 연결됩니다.

로블록스 상점 ⓒAMAZON.COM

공식 상점 링크는 로블록스 관련 장난감이나 물건을 살 수 있는 Amazon.com으로 연결됩니다. 아마존 페이지에서 판매하는 아이템들은 현실에서 만질 수 있는 실제 물건들이기 때문에 게임이나 아바타와는 전혀 관련이 없습니다. 이런 물건을 구매하기 위해서는 어른의 도움이 필요할 거예요.

10 기프트 카드

부모님을 위한 곳 또는 당신이 친구를 위한 선물을 살 수 있는 곳입니다. 여기서 구매한 선물은 이메일이나 메신저, 다른 SNS를 통해 디지털 버전으로 받을 수 있고, 실제 기프트 카드로 배송받을 수도 있습니다. 또한 급한 선물을 위해 바로 필요할 경우, 디지털 카드를 인쇄할 수도 있습니다.

11 프리미엄 가입하기

기프트 카드 아래에는 클릭할 수 있는 아이콘이 하나 더 있는데, 이 Premium 가입하기 버튼을 클릭하면 다른 링크들과 다르다는 걸 알 수 있습니다. 여기서 프리미엄 계정에 가입할 수 있습니다.

12 이벤트

왼쪽 사이드바 마지막 탭은 이벤트입니다. 여기에 있는 아이콘은 로블록스 제작자
가 주최하는 홍보 콘텐츠나 이벤트, 콘테스트에 따라 계속해서 바뀝니다. 예시로 이
책을 처음 집필하고 있을 때 진행하던 이벤트는 Heroes였고, 이 책의 개정판을 쓰
는 동안 진행하던 이벤트는 기묘한 이야기의 스타코트 몰이었습니다.

이벤트 아이콘은 지정된 테마와 관련된 다양한 활동 및 게임을 보여 주는 웹페이지
로 연결됩니다. 이러한 이벤트에 참여하거나 게임을 플레이하면 아바타가 사용할
수 있는 특별한 셔츠나 다양한 액세서리를 획득할 수 있습니다. 여기서 얻는 상품
들은 다른 사람들에게 이벤트에 참여했음을 보여 줄 뿐만 아니라 다른 게임에서도
아바타에 적용할 수 있기 때문에, 플레이어 사이에서 인기가 많습니다. 로블록스는
2019년에 이벤트를 완전히 없앤다고 공지했지만, 2020년 이후에도 이벤트 탭은 유
지되고 있습니다.

이벤트 아이콘, 과거와 현재 ©ROBLOX CORPORATION

로블록스를 즐기는 방법

로블록스가 출시된 이후로 지속적인 업데이트를 통해서 컴퓨터 외에 다양한 기기
에서도 로블록스를 플레이할 수 있게 되었습니다. 초기에는 컴퓨터에서만 플레이가
가능했지만 지금은 다음과 같은 기기에서도 플레이할 수 있습니다.

☆ 맥 컴퓨터

☆ 태블릿 PC나 휴대폰과 같은 모바일 기기

☆ 비디오 게임 콘솔

☆ 가상 현실(VR) 헤드셋

해당 플랫폼에서 플레이를 하기 전에 공식 웹사이트인 www.roblox.com에서 계정 만드는 걸 잊지 마세요. 플레이하고자 하는 기기에 따라서(엑스박스와 같은 콘솔이 아닌 한) 로블록스 페이지에서 자동으로 알맞은 다운로드 페이지로 안내해 줄 겁니다. 콘솔에서 플레이하고자 한다면 게임 스토어에 접속해서 로블록스 앱을 다운받아야 합니다. 다만, 현재로선 당신의 세상을 만들 수 있는 로블록스 스튜디오는 컴퓨터 버전의 로블록스 게임을 만드는 데에만 이용할 수 있기에, 이 책은 컴퓨터 버전의 로블록스만 집중적으로 다룬다는 걸 잊지 말아 주세요.

당신이 어떤 플랫폼을 이용해서 게임을 하든 간에 온라인상의 사람들과 함께 플레이할 수 있습니다. 다시 말해, 누군가는 아이폰으로 게임을 하고, 또 다른 누군가는 VR 헤드셋으로 게임을 즐기고, 또 다른 누군가는 노트북으로 게임을 하더라도, 플랫폼을 뛰어넘어 같은 월드에서 게임을 즐길 수 있습니다.

01 컴퓨터로 플레이하기

사람들은 윈도우나 맥 컴퓨터를 이용해 로블록스를 합니다. 컴퓨터 버전이 타 플랫폼보다 더 많은 기능을 지원하기 때문이죠. 하지만 휴대폰의 높은 접근성 덕분에 대부분은 휴대폰에서 플레이합니다. 플레이할 때는 게임패드, 키보드 또는 마우스를 사용해서 조작할 수 있습니다.

컴퓨터에서 로블록스를 플레이하기 위해서는 로그인을 한 후, 게임을 검색하고, 플레이 버튼을 클릭하면 됩니다. 만약 로블록스 플레이어가 컴퓨터에 설치되어 있지 않다면 플레이어를 다운로드하고 설치하세요. 어떻게 해야 하는지는 로블록스 사이트에서 설명해 줄 겁니다.

로블록스 플레이어 설치 방법 ⓒROBLOX CORPORATION

기본적으로 로블록스는 인터넷 브라우저를 통해 온라인상에서 플레이되지만, 브라우저를 통하지 않고 로블록스를 바로 플레이하고 싶다면 윈도우 스토어에서 윈도우 10과 호환되는 버전의 로블록스를 내려받을 수 있습니다.

로블록스에 어떻게 접속하느냐와는 별개로 각각의 게임은 조작법이 약간씩 다릅니다. 로블록스에서 게임을 플레이하는 것에 대해서 자세히 알아보고 싶다면 챕터 2를 확인해 주세요.

02 모바일 기기로 플레이하기

로블록스는 아이패드나 아이폰(애플 앱스토어에서 다운로드) 또는 안드로이드 기기(구글 플레이스토어에서 다운로드)와 같은 모바일 기기에서도 무료로 즐기실 수 있습니다. 스마트폰이나 태블릿, 어디서 플레이할지는 개인의 자유지만, 저는 큰 화면 덕분에 게임을 하는 데 한결 더 편한 태블릿을 추천합니다.

프리미엄 콘텐츠를 위해서 로벅스를 구매하고 싶다면, 로블록스 웹사이트에서 구매할 수 있습니다. 로벅스를 구매하기 위해서는 사이트 오른쪽 위에 있는 동전처럼 생긴 황금색 육각형 모양의 로벅스 아이콘을 클릭하거나 커서를 위에 올려 보세요. 로벅스에 대한 더 자세한 내용은 챕터 2에서 확인하세요.

03 게임 콘솔로 플레이하기

컴퓨터와 모바일 기기뿐만 아니라 게임 콘솔인 엑스박스 원에서도 로블록스를 무료로 플레이할 수 있습니다. 부모님에게 여쭈어 보고, 엑스박스 스토어에서 로블록스를 검색 후 설치하세요. 로그인하였다면 컴퓨터나 모바일 기기처럼 로블록스 유저들이 만든 수천 가지의 게임들을 플레이할 수 있게 될 겁니다.

모바일 기기나 컴퓨터처럼 엑스박스 원에서도 프리미엄 콘텐츠를 구매하는 데 사용하는 로벅스를 구입할 수 있습니다. 로벅스에 대해서는 챕터 2에서 더 자세히 알아보겠습니다. 단, 콘솔의 로벅스는 모바일이나 컴퓨터의 로벅스와는 다르며, 이들과는 분리되어 있으니 주의하세요.

04 가상 현실(VR) 헤드셋으로 플레이하기

오큘러스 리프트, 오큘러스 퀘스트 아니면 오큘러스 퀘스트 2처럼 로블록스와 호환이 되는 VR 기기를 가지고 있다면, 로블록스를 플레이하는 데 사용할 수 있습니다. 플레이하기 위해서는 오큘러스 홈 세팅에서 알 수 없는 출처의 콘텐츠를 허용해야 합니다.

컴퓨터에 헤드셋이 연결되면 로블록스가 자동으로 VR 모드로 게임을 실행합니다. 헤드셋을 통해 게임 화면을 보고 머리로 주변을 둘러봐야 한다는 걸 빼면 컴퓨터 버전과 같은 게임이 실행되며, 키보드와 마우스 또는 게임패드로 조작할 수 있습니다. 대부분 게임은 별다른 문제 없이 바로 플레이할 수 있지만, 몇몇 게임들은 특정 조작을 하기 위해 해당 게임의 개발자가 필요합니다. 만약에 이러한 게임을 찾게 된다면 개발자에게 VR 컨트롤을 위한 프로그래밍을 해달라고 요청하는 것이 좋습니다.

이제 로블록스 계정을 만들었고, 웹사이트의 여러 가지를 확인하는 방법과 다양한 기기를 통해서 로블록스를 플레이하는 방법을 배웠습니다. 이제 재미있는 부분으로 넘어갑시다. 게임을 해보는 것이죠!

CHAPTER 02

첫 걸음 떼기

이제 로블록스 계정을 설정했으니 게임을 플레이할 준비가 됐습니다. 이 챕터에서는 아바타를 꾸미고 더욱 돋보이게 하는 방법, 로블록스에서 게임을 찾아서 즐기는 방법, 로벅스를 사용하는 방법, 프리미엄에 가입하는 방법, 옵션 메뉴를 이해하고 다른 유저들과 의사소통하는 방법에 대해 알아볼 겁니다.

아바타를 꾸미는 방법

로블록스에서 당신의 아바타는 디지털 세계의 당신입니다. 게임에서 만나게 될 대부분 사람들은 당신의 아바타로 당신을 알아볼 겁니다(당신의 사용자 이름 또한 아바타 머리 위에 떠 있습니다). 그렇기 때문에 당신은 아바타로 당신이 누구이고, 뭘 좋아하는지를 표현하고 싶을 겁니다.

로블록스에 로그인을 하고 나면 화면 오른쪽 상단에 당신의 아바타 아이콘이 보이고 이를 클릭하면 챕터 1에서 이야기했던 프로필이 있습니다. 여기에서 아바타를 볼 수 있을 뿐만 아니라 아바타의 피부색과 표정, 옷을 바꿀 수 있습니다. 사람들이 자신의 아바타를 다른 사람들과 구별 짓는 가장 일반적인 방법은 모자, 상의, 하의를 바꾸고 아바타에 더 디테일한 형태의 커스터마이징을 하는 것입니다.

01 아바타 상점

아바타를 꾸밀 새로운 아이템을 얻는 가장 일반적인 방법은 아바타 상점을 이용하는 겁니다. 로블록스 메인 페이지의 상단 바를 보면 둘러보기, 아바타 상점, 만들기 그리고 Robux가 있고, 그 옆에 다른 플레이어나 플레이스, 그룹, 크리에이터 마켓 플레이스에 있는 아이템을 검색할 수 있는 검색창이 있습니다.

아바타 상점에 있는 대부분의 아이템을 사기 위해선 로벅스가 필요하며, 각 아이템의 가격은 보기 쉽게 표시되어 있습니다. 로벅스를 얻을 수 있는 유일한 방법은 다른 플레이어와 아이템을 거래 및 판매하거나 현금을 사용해서 얻는 겁니다. 아바타 상점에는 무료로 얻을 수 있는 아이템들도 몇 개 있지만 그중 대부분은 인기가 없습니다. 가끔 로블록스 게임 내에서 아바타를 꾸밀 수 있는 아이템을 얻을 기회가 오기도 합니다.

로벅스와 프리미엄 계정

로벅스를 사기 위해 꼭 돈을 쓸 필요는 없지만, 돈을 쓴다면 게임이 꽤 편해지고 특별한 아이템을 살 수 있으며 새로운 기능을 이용할 수 있게 됩니다. 대부분의 모바일 게임이 무료로 플레이할 수 있지만 멋진 것들은 돈을 내는 사람들만 가질 수 있죠. 로블록스도 똑같습니다.

01 로벅스

로벅스는 로블록스에서 아이템을 사거나 프리미엄 게임 콘텐츠에 접근하거나 플레이어 간 거래를 할 때 사용하는 디지털 화폐입니다. 로벅스는 실제 돈을 주고 사거나, 다른 플레이어에게 특별한 아이템을 판매하거나, 근처 가게나 온라인에서 로벅스 카드를 구매하여 얻을 수 있습니다. 로벅스를 얻는 가장 일반적인 방법은 곧 설명할 프리미엄 멤버십에 가입하거나 현금으로 로벅스를 대량 구매하는 겁니다. 만약 게임을 만들고 특별한 기능을 플레이어에게 팔아서 로벅스를 충분히 모으면 현금으로 바꿀 수도 있습니다. 이에 관해서는 챕터 14에서 자세히 이야기하겠습니다.

02 프리미엄 멤버십

만약 당신과 부모님 모두 괜찮다면, 돈을 내고 프리미엄 멤버십에 가입할 수 있습니다. 프리미엄 멤버십은 매달 일정 로벅스와 혜택을 주는 3개의 등급으로 나뉘는데, 다양한 혜택 중 하나가 매달 받는 로벅스입니다. 이렇게 얻은 로벅스는 아바타 상점에서 아이템을 사는 데 사용하거나 게임패스 혹은 프리미엄 전용 로블록스 게임에 접속하는 데 사용할 수 있습니다.

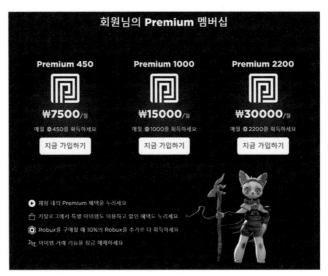
로블록스 프리미엄 멤버십 ©ROBLOX CORPORATION

3개의 프리미엄 멤버십은 모두 광고 없애기, 로벅스 추가 획득, 아이템 거래 혜택을 줍니다. 하지만 각 멤버십 등급은 매달 받는 로벅스가 다릅니다. 로블록스 멤버십에는 4개의 종류가 있습니다.

① 무료

만약 계정을 이제 막 만들었다면, 자동으로 무료 등급으로 설정됩니다. 무료 멤버로서 게임을 플레이하거나 간단한 게임을 만들어서 출시하는 것은 가능하지만, 로블록스의 다양한 기능을 자유롭게 사용하기는 어렵습니다. 무료 멤버는 매달 로벅스를 받지 않기 때문에 프리미엄 아이템을 사기가 어렵고, 게임 내 광고나 웹사이트 광고를 봐야 하며, 아이템을 판매할 수 없고 프리미엄 전용 기어나 모자를 살 수 없는 등 많은 기능이 제한됩니다.

② Premium 450

매달 7,500원을 지불하는 450등급은 게임마다 다른 프리미엄 혜택, 아바타 상점 전용 아이템과 할인, 로벅스 구매 시 10% 할인, 상품 거래 혜택을 받습니다. 또한 매달 450 로벅스를 받습니다.

③ Premium 1000

이 등급은 매달 15,000원을 결제해야 하며 혜택은 450등급과 동일하나 매달 1,000 로벅스를 받습니다.

④ Premium 2200

Premium 2200은 매달 30,000원을 결제해야 하며 다른 등급과 혜택이 같지만 매달 2,200로벅스를 받습니다.

> **게임패스가 뭔가요?**
>
>
> 몇몇 게임은 게임을 더 쉽고 재미있게 할 수 있도록 로벅스로 구매할 수 있는 추가 아이템과 혜택이 있습니다. 이러한 기능은 모바일 게임 소액 결제나 다른 비디오 게임의 DLC처럼 작동합니다. 예를 들어, 게임패스를 구매하면 도시 건설 게임에서 더 멋진 건물을 만들거나, 오비(로블록스에서 점프맵을 부르는 이름) 게임에서 더 많은 목숨을 가질 수 있습니다.

03 프리미엄 가입하기

어떤 프리미엄 등급이 더 이득인지 판단하는 것은 당신의 선택이고 어떤 등급을 선택하느냐 또한 당신과 부모님의 선택입니다. 로블록스를 무료로 즐기는 데에 만족하고 특정한 목적을 위해 로벅스를 가끔 사는 것이라면 무료 등급을 이용해도 괜찮지만, 로벅스를 자주 쓰고 아이템 거래나 그룹을 만드는 등의 더 많은 혜택을 게임에서 받고 싶다면 프리미엄 멤버십에 가입하는 것을 권장합니다.

아까 말했다시피 프리미엄 멤버십에 가입하기 위해서는 3개의 옵션 중 하나를 선택해야 합니다(당신의 부모님이 매달 비용을 결제하게 됩니다). 더 비싼 등급일수록 매달 더 많은 로벅스를 받게 되죠. 프리미엄 멤버십에 가입하면 다음 혜택을 받을 수 있습니다.

☆ 매달 로벅스 지급

☆ 광고 제거

☆ 아이템이나 액세서리를 거래하는 기능

☆ 프리미엄 전용 기어와 할인

☆ 다른 유저들과의 아이템 거래

☆ 로벅스를 살 때 10% 추가 획득

프리미엄 멤버십에 가입하지 않기로 결정하였더라도 로블록스를 즐기는 데에는 전혀 문제없습니다.

로블록스 게임 즐기기

로블록스를 플레이하는 수많은 사람들 모두가 게임을 만드는 건 아닙니다. 다른 사람이 만든 게임을 즐기는 사람들이 더 많죠. 공식적으로 매달 로블록스를 플레이하는 2억 명의 플레이어 중에서 700만 명만이 게임과 아이템을 만들고 있습니다. 로블록스가 출시된 이후로 유저들이 수만 개의 게임을 만들어 왔고, 당신이 좋아하는 영화나 게임, TV쇼 등을 기반으로 한 게임이 있을 가능성도 큽니다.

다른 사람들이 만든 게임을 즐기는 데에 있어서 유일한 '문제'는 수많은 게임 중에서 무엇을 선택하느냐입니다! 어떤 게임을 하면 좋을까요? 홈페이지에 접속하면 다른 플레이어들이 최근에 플레이한 게임 목록과 로블록스가 당신에게 추천하는 게임 목록을 볼 수 있지만, 웹사이트 상단의 둘러보기 버튼을 클릭하면 더 다양하고 많은 게임을 찾을 수 있습니다.

01 카테고리를 통해 찾아보기

로블록스 웹사이트의 둘러보기 페이지는 다음의 카테고리로 나뉩니다.

☆ 가장 주목받는 체험: 현재 플레이어들 사이에서 가장 인기 있는 게임을 지속적

으로 업데이트하고 있습니다. 수만 명이 지금 플레이하고 있는 게임들입니다!

☆ **나를 위한 추천 체험:** 당신이 이전에 플레이하거나 관심을 가진 것들을 기반으로 선별된 게임들로, 오직 당신만을 위해서 특별히 만들어진 리스트입니다.

☆ **새롭게 떠오르는 체험:** 새로운 게임 및 빠르게 인기를 얻고 있는 게임들입니다. 이런 게임들은 대부분 개발이 알파나 베타 단계로, 개발 중이긴 하지만 플레이가 가능합니다.

☆ **인기:** 원래는 가장 많은 사람들이 참여하던 게임들이었지만, 오래전에 만들어졌으면서도 여전히 인기가 있는 '오래 가는 게임'으로 교체됐습니다.

☆ **최고 평점:** 플레이어들이 최고라고 생각하는 게임들입니다. 이 카테고리에 있는 게임들은 플레이어들이 최고라고 평가한 가장 최근 게임들이며 당신도 게임이 끝나고 평가를 할 수 있습니다.

☆ **무료 비공개 서버:** 개인 서버를 사용하기 위해 돈을 지불할 필요가 없는 게임들입니다. 비공개 서버는 본인 또는 친구 등 참가할 사용자를 제한할 수 있습니다.

☆ **학습 및 탐구:** 교육적이거나 그것을 넘어선 경험을 얻을 수 있는 게임들입니다.

☆ **주목:** 로블록스 개발자들이 추천하는 게임으로, 현재 온라인 트렌드를 기반으로 추천됩니다.

☆ **Premium 회원 인기 체험:** 프리미엄 회원 사이에서 인기 있는 게임들이 모여 있습니다. 이 카테고리는 '봇'을 사용해서 인기가 있는 것처럼 꾸며내는 게임들을 피할 수 있습니다.

☆ **최고 수익:** 플레이어들이 로벅스를 가장 많이 사용한 게임들입니다.

☆ **선호도 높은 체험:** 무료 회원과 프리미엄 회원 모두가 즐겨 하는 게임들로, 즐겨찾기 수가 많은 게임입니다.

☆ **롤플레이, 모험, 격투, 오비, 타이쿤, 시뮬레이터:** 이 섹션의 게임들은 모두 각 카테고리에서 찾을 수 있습니다. 당신이 찾는 게임과 비슷한 유형의 게임을 쉽게 찾을 수 있습니다.

☆ **전 세계적으로 인기**: 가장 마지막에 있는 카테고리로, 여기에 있는 게임들은 한 국뿐만 아니라 전 세계에서 인기를 얻고 있는 게임들입니다.

모든 카테고리의 맨 오른쪽에는 **전체 보기**가 있습니다. 이를 클릭하면 인기 게임이 나 주목처럼 그 카테고리에 해당하는 게임으로만 이루어진 페이지가 나옵니다.

로블록스에서 가장 간단하고 빠르게 플레이할 게임을 고르는 방법은 특정 카테고리를 사용하는 겁니다. 그저 재미있어 보이는 종류의 게임을 고르고 클릭하세요. 예시로, 기사와 성을 좋아한다면 '모험' 카테고리를 선택하고, 미로와 장애물을 피하는 걸 좋아한다면 '오비' 카테고리를 선택하면 됩니다. 이러한 장르를 클릭해 보면 해당 카테고리에서 가장 인기 있는 게임들을 확인할 수 있습니다. 여기서 게임을 선택해 플레이해 보면 됩니다!

02 검색창을 통해 찾아보기

메인 페이지 상단에는 검색창이 있습니다. 검색창을 이용하면 메인 페이지에 나오는 게임들과는 다른 게임들을 찾을 수 있습니다. 검색창에 단어를 검색하기 시작하면 어떤 항목에서 검색할 것인지 옵션이 나옵니다. 무엇을, 어디서 검색할 건지를 로블록스가 추천해 줄 겁니다.

예를 들어, 포켓몬이나 네모바지 스펀지밥 로블록스 게임을 하고 싶다면, 검색창에 제목을 입력한 후 '체험에서'를 선택하면 됩니다. 어떤 게임이 나오는지 살펴보고 선택해 보세요.

예제로, 포켓몬을 검색해 봅시다.

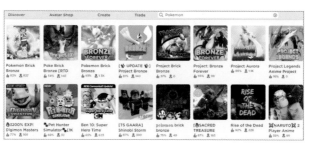

로블록스에서 플레이할 수 있는 포켓몬 게임들 ©ROBLOX CORPORATION

곧바로 포켓몬에 관련된 게임들이 나옵니다. 보시다시피, 이미지가 캡처된 시간 기준으로 수천 명이 로블록스에서 포켓몬 게임을 플레이하고 있었고, 가장 인기 있던 포켓몬 게임은 1,300명이 플레이하고 있는 '포켓몬 브릭 브론즈'입니다.

궁금한 분들을 위해 설명하자면, 포켓몬 브릭 브론즈는 로블록스에서 가장 인기 있던 포켓몬 게임이었으나 저작권 문제로 내려갔고, 이후 개발자들은 후속작으로 Loomian Legacy(루미안 레거시)를 개발했습니다. 루미안 레거시는 닌텐도 게임 보이나 DS, 3DS 포켓몬 게임과 비슷합니다. 캐릭터를 만들고 지역을 넘나들며 다른 트레이너나 체육관 관장과 전투를 하고, 새로운 포켓…이 아니라 루미안을 잡습니다. 전투도 공식 포켓몬 게임처럼 턴제로 돌아가며 합니다.

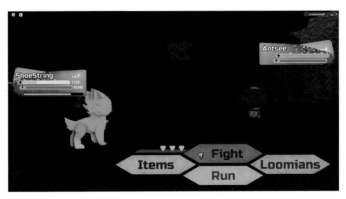

LOOMIAN LEGACY에서의 전투 ⓒLOOMIAN LEGACY(VARI / TOXIC)

이 정도로 좋은 게임을 만드는 건 어렵습니다. 이래서 이 게임이 특별한 거고요!

 ## 최고의 로블록스 게임들

로블록스에는 수천 개의 게임들이 있어서 할 게임을 골라내기가 힘들지요. 초보 개발자가 만든 게임들은 경험이 부족한 사람들이 만드는 게임들이지만 그래도 할 만한 좋은 게임들이 많습니다. 로블록스를 처음 즐길 때 어떤 게임을 즐길지 고민하시는 분들을 위해서 9개의 게임을 준비했습니다. 7개의 게임은 완전히 무료이고 나머지 두 개의 게임은 플레이하는 데 약간의 로벅스가 필요합니다.

01 럼버 타이쿤 2

제가 가장 추천하는 게임으로, 리스트 중에서 가장 첫 번째로 소개합니다. 숙련된 개발자인 Defaultio가 개발했고 럼버랜드에서 시작해 초기 자금으로 20 돈이 주어집니다. 우드 R에서 도끼를 사고 나무를 자르는 게임으로 충분한 돈을 얻은 다음, 랜드 스토어에서 땅을 사고 건축을 시작할 수 있습니다! 첫인상으론 나무를 자른 다음 가공하고 팔고 건설하는 게 전부인 것 같지만 수많은 비밀이 숨어 있습니다!

02 LOOMIAN LEGACY

이 게임은 루미안을 선택하고 세계를 모험하며 전투를 하는 게임으로, 유명한 닌텐도 게임과 비슷하며 로블록스에서 유일하게 돌아다니면서 게임을 하는 사람들과 실시간으로 상호작용이 가능합니다. 대부분의 공식 포켓몬 게임들은 혼자 전투를 치러야 하지만 루미안 레거시는 다른 사람들과 같이 플레이할 수 있습니다. 가장 인기 있는 로블록스 게임 중 하나입니다.

03 테마파크 타이쿤 2

대부분의 인기 있는 로블록스 게임들은 시뮬레이션이나 타이쿤 게임들입니다. 타이쿤 게임은 회사를 운영하거나 무언가를 지어서 운영하며 돈을 버는 겁니다. 회사를 천천히 키우는 건 생각보다 재밌습니다! 물론 성공하면 더 재밌겠지요.
테마파크 타이쿤 2에선 원하는 대로 테마파크를 만들 수 있고 음식이나 음료수뿐만 아니라 롤러코스터나 워터슬라이드와 같은 재밌는 놀이기구들로 손님들을 만족시켜야 합니다!

04 에픽 미니 게임

에픽 미니 게임은 간단하지만 재밌는 게임들의 모임입니다. 60개의 넘는 미니 게임들이 있으며 한 판을 이길 때마다 포인트를 얻습니다. 게임을 하며 얻은 레벨이나 포인트는 특수한 기어나 능력 아니면 에픽 미니 게임에서 사용할 수 있는 펫을 살 수 있습니다. 로블록스에 있는 수많은 게임 중에서도 이 게임이 가장 다양한 즐길 거리를 자랑합니다. 다른 게임들은 몬스터 잡기, 레이싱 아니면 건물을 짓는 등 하나만 운영하지만 에픽 미니 게임은 소소하게 전부 다 있습니다. 만약에 마리오 파티를 해보셨다면, 이 게임이 비슷하다는 걸 알 수 있을 겁니다. 스트리머들이 하기에도 완벽한데, 팬들이 게임에 와서 같이 할 수 있기 때문입니다.

05 제일브레이크

친구들과 경찰과 도둑을 해보셨나요? 제일브레이크는 바로 그 게임에서 탄생했습니다. 사람들은 게임에 들어와서 강도를 비롯한 범죄를 저지르고 다니며 체포를 피하는 거죠.

제일브레이크를 재밌게 할 수 있는 이유 중 하나는 맵이 크고, 처음부터 끝까지 액션으로 가득하다는 점입니다. 은행과 보석상을 털고 거대한 도시를 돌아다니는 건 정말 긴장감 넘칩니다. 이 게임은 빌더 Asimo3089 혼자 만든 그룹인 Badimo와 프로그래머 Badcc가 만들었습니다. 이 책이 작성된 시점에 이 게임은 51억 방문을 달성했습니다!

06 PHANTOM FORCES

팬텀포스는 로블록스에서 가장 발전된 게임 중 하나입니다. 카운터 스트라이크나 콜 오브 듀티를 해보셨다면 이 게임을 좋아하실 겁니다.

대부분의 로블록스 게임들이 삼인칭인 것과 달리 팬텀포스는 게임 세계를 직접 눈으로 보는 것처럼 일인칭으로 플레이합니다. 게임의 목적은 팀의 목표를 설정하고 다른 사람들과 싸우는 겁니다. 게임 내에 유혈을 동반한 폭력성이 있으므로 나이가 어린 유저에게는 추천하지 않습니다. 게임을 하기 전에 부모님과 상의해보세요.

07 입양하세요!

이 게임은 제 친구들 중 한 명인 NewFissy가 만들었습니다. DreamCraft 그룹은 부모님이나 아기 중에 무엇이 될지 선택할 수 있는 멋진 세계를 만들었습니다. 아이를 입양해서 키우거나 펫을 기르고 옷을 꾸밀 수 있습니다. 공원을 탐험하거나 오비를 할 수 있고 수영장이나 미끄럼틀, 트램펄린에서 놀 수 있으며 집을 사고 꾸밀 수도 있으며 차를 사는 등 수많은 즐길 것이 게임에 있습니다. 이 게임은 규칙에 따라서 역할극을 하는 게임에 더 가깝습니다. 아마 이 게임의 모든 것을 좋아하시게 될 겁니다.

08 레스토랑 타이쿤

나만의 레스토랑을 가지고 싶었던 적이 있으시나요? 레스토랑 타이쿤은 돈을 주고 해야 하는 게임으로(25로벅스가 필요합니다), 테마파크 타이쿤 2과 비슷한 종류의 게임입니다.

레스토랑 타이쿤과 테마파크 타이쿤 2의 가장 중요한 차이점은 테마파크 대신 레스토랑을 운영한다는 점입니다. 테마파크를 설계하는 대신에 어떤 음식을 손님들에게 대접할지 골라야 하며 주문받은 메뉴를 요리사와 웨이터에게 전달해야 합니다. 재미있는 게임이고 현실에 있는 식당을 또 다른 시각으로 보게 해줍니다!

09 블록스부르크에 오신 걸 환영해요

이 게임은 플레이하는 데 25로벅스가 필요합니다. 또 다른 인생을 게임에서 살아가는 게임으로, 집을 짓고 차를 사고 직장을 다니며 친구를 사귀고 사람들이 북적거리는 블록스부르크의 도시를 누비는 게임입니다. 친구들과 놀 수 있는 게임은 로블록스에 많지만, 이 게임이 그중에서도 최고인 이유는 그냥 앉아서 사람들과 대화만 하는 것이 아니라 무언가 재미있는 걸 할 수 있다는 점입니다. 완전히 새로운 인생을 작은 로블록스 세계에서 살아가는 것과 같습니다. 수많은 사람이 당신과 같은 도시에 있다는 점만 빼면 심즈와 비슷합니다.

 ## 인-게임 인터페이스 이해하기

로블록스에 있는 모든 게임은 각각의 게임에 맞게 조작법이 다르게 설정되어 있습니다. 예시로, 건물을 짓는 게임들은 마우스로 화면에 있는 것을 클릭하겠지만 레이싱 게임들은 키보드에 있는 버튼을 조작해서 차를 조작하겠지요. 정리하자면 다음과 같습니다.

☆ 장애물 코스 게임(오비 게임)을 하고 있다면 항상 게임에 있는 캐릭터에 집중하고 장애물을 피해서 달리고 점프하세요.

☆ 1인칭 슈팅 게임(콜 오브 듀티나 카운트 스트라이크와 같은 게임)들은 자기 눈으로 직접 보는 것처럼 캐릭터의 시점에서 플레이하므로, 앞에 있는 것이나 캐릭터의 손만 볼 수 있습니다.

☆ 슈퍼히어로 장르의 게임이나 포켓몬의 영향을 받은 게임들은 하늘에서 보는 것처럼 캐릭터의 머리 위에서 조작합니다.

간단히 말해서 게임의 조작법은 게임의 장르에 맞춰서 설정되어 있습니다.

> **플레이어 배지가 뭔가요?**
>
> 몇몇 게임들은 플레이어가 어떤 목표를 달성하면 배지를 줍니다. 이러한 배지들은 당신이 얼마나 이 게임을 잘하는지, 업적처럼 게임의 순위표에 보여주는 용도입니다.

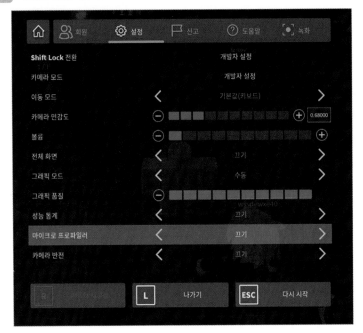

옵션 메뉴 ©ROBLOX CORPORATION

어느 로블록스 게임을 들어가도 똑같은 것이 있다면 옵션 메뉴입니다. 컴퓨터에서 게임을 하고 계신다면 ESC 키를 눌러서 옵션 메뉴를 열 수 있습니다.

이 메뉴의 위쪽에는 여러 옵션이 있습니다.

① 회원

가장 왼쪽에 있는 것은 회원 탭으로 위의 사진에는 선택돼 있지 않습니다. 회원 탭의 목록에 있는 이름들 아래에서 친구 요청을 보거나, 게임 내 부정행위나 괴롭힘 등을 로블록스에 신고할 수 있습니다. 다른 사람들이 "신고 안 먹혀"라고 말해도 믿지 마세요. 제가 사용해 봤는데, 항상 제대로 작동했습니다.

② 설정

설정에서는 볼륨이나 그래픽 디테일처럼 사소한 것을 설정할 수 있습니다. 만약 게임이 문제없이 돌아간다면 설정을 만질 이유는 없지만, 게임이 느리거나 렉이 걸린 다면 그래픽을 낮추는 게 좋을 겁니다.

③ 신고

작은 깃발 아이콘이 달린 신고 창에서는 로블록스에 당신이 고칠 수 없는 문제를 신고할 수 있습니다. 예를 들어 누군가가 게임을 부정한 방법으로 하고 있다면 그 사람의 아이디를 적으면 되고, 웹사이트나 게임에 고장(버그)이 났을 때도 신고할 수 있습니다.

④ 도움말

도움말을 클릭하신다면 당신이 플레이하고 있는 게임의 조작법을 알려주는 메뉴가 나옵니다. 만약 새로운 게임을 하신다면 확인해보시는 게 좋을 겁니다.

⑤ 녹화

녹화 설정은 친구들과 게임을 하는 장면이나 게임 도중에 일어나는 것을 기록하게 해줍니다. 만약 게임 도중에 엄청난 일이 일어난다면 기록해야겠죠! 스크린샷 찍기 버튼과 (찍으면 기본적으로 내 컴퓨터 〉 사진들 〉 Roblox에 저장됩니다) 비디오 녹화 버튼이 있으며 녹화하면 사진과 같은 폴더에 저장이 되며 영상편집이나 유튜브 와 같은 영상 공유 사이트에 올릴 수 있습니다. 컴퓨터에서 녹화 단축키는 F12이고 스크린샷은 Print/SysRq(아니면 키보드 옆에 있는 Print Screen 버튼)입니다.

⑥ 리더보드

로블록스의 대부분 게임은 화면 위의 오른쪽 구석에 닉네임들과 그 옆에 숫자들이 있는 것을 보실 수 있습니다. 이게 바로 리더보드로, 현재 게임에서 가장 높은 점수 를 가진 사람들을 표시해주지만 모든 게임이 다 똑같은 건 아닙니다.

몇몇 다른 게임들은 키보드 Tab 같은 버튼을 눌러야만 보여주기도 하고, 탈락한 사 람들을 보여주거나 실시간으로 점수를 업데이트하기도 합니다.

다른 사람들과 플레이하기

로블록스에서 게임을 할 때 같은 시간에 같이 게임을 하는 사람들을 볼 수 있는데, 이 사람들의 아바타 머리 위를 보면 닉네임이 있습니다. 이제 어떻게 다른 플레이어들과 대화하거나 게임을 할 수 있는지 알아봅시다.

01 채팅창

로블록스를 할 때 상단 왼쪽 구석을 보면 같은 서버에 있는 사람들과 대화를 할 수 있는 채팅창이 있는 걸 알 수 있습니다. 채팅창을 클릭하거나 키보드에서 / (슬래시)를 눌러서 보내고 싶은 내용을 적은 다음에 엔터나 Return 버튼을 누르세요. 만약에 친구들과 플레이하신다면 전략에 관해서 이야기하는 것이 중요하겠지요. 그러다 보면 사람들을 개인적인 공간에 초대해서 놀고, 채팅하고 싶을 겁니다.

02 친구 추가하기

게임을 하다가 같이 놀면 재밌는 사람들을 만나시게 될 겁니다. 만약 부모님이 동의하신다면 로블록스에서 친구로 추가해보세요. 친구 추가 기능은 페이스북이나 트위터 등 다른 SNS 소셜미디어와 같습니다.

게임에서 친구로 추가하고 싶다면 ESC를 눌러서 옵션 메뉴에 들어가거나 상단 왼쪽 구석에 있는 3개의 상자 아이콘을 누르고 회원 탭에 들어가서 플레이어 이름 옆에 있는 친구 추가 버튼을 누릅니다. 그러면 친구 추가 요청을 받은 사람 화면에 당신의 친구 추가 요청을 받을 건지 묻는 작은 상자가 화면에 뜨죠. 다른 사람이 당신에게 요청할 때도 똑같습니다. 모든 플레이어는 친구를 200명까지만 추가할 수 있습니다. 또한 다른 사람들을 친구 추가 대신 팔로우할 수도 있습니다.

친구 추가하고 나면 상대방이 온라인인지, 어떤 게임을 하는지 확인할 수 있으며 로블록스 게임을 하고 있지 않을 때도 읽고 답장이 가능한 개인 메시지를 보낼 수도 있습니다. 이메일과 비슷하지만, 로블록스 계정끼리만 보낼 수 있습니다.

03 정상적으로 플레이하지 않는 플레이어 신고하기

로블록스를 하는 대부분 시간에는 별 문제가 없겠지만 간혹 다른 사람들이 하는 게임을 망치려고 하는 사람을 만날 수 있습니다. 그리고 이 경우에는 이런 플레이어를 바로 신고해야 합니다.

여기 이러한 행위를 하는 플레이어들을 조심하세요.

☆ 채팅창에서 욕설하는 플레이어

☆ 당신에게 계속 말을 걸고 따라다니는 플레이어

☆ 계속 개인정보와 계정 정보를 물어보는 플레이어

☆ 당신의 게임을 어렵게 하는 플레이어

☆ 해킹이나 치트 프로그램을 사용하는 플레이어

☆ 당신이나 다른 플레이어를 괴롭히는 플레이어

만약에 게임을 하며 다른 플레이어와 이런 문제를 겪는다면 신고할 수 있습니다. 옵션 메뉴에 들어가서 신고 창에 들어가서 신고 대상 플레이어 이름을 찾고 신고 사유를 적어 신고하세요. 신고를 할 때 뭐가 문제인지 자세히 적는 게 중요합니다. "저를 귀찮게 해요"는 상황을 판단하는 데 도움이 되지 않습니다. 왜 신고 대상이 문제인지, 뭘 하였는지 적으세요.

다른 사람을 신고하는 것은 학교에서 잘못된 행동을 하는 학생을 선생님에게 신고하는 것과 같다는 것을 기억하세요. 신고는 상대방이 진짜로 선을 넘었을 때 해야 합니다. 상대방이 당신의 의견에 동의하지 않거나 게임에서 당신을 이겼다고 신고하는 것은 적당한 이유가 전혀 아니니까요.

마치 면서

다른 사람들이 만든 게임을 해보셨다면 이제 당신만의 게임을 만드시고 싶을 겁니다. 파트 2에서는 로블록스에서 어떻게 게임을 만드는지 알아볼 겁니다.

PART

2

빌딩과 스크립팅

CHAPTER 03

로블록스 스튜디오의 기초

다른 사람들이 만든 로블록스 게임을 하는 것도 재밌지만 당신만의 게임을 만들고 싶다면요? 이걸 위해서는 로블록스 스튜디오를 사용해야 합니다(로블록스 스튜디오는 휴대폰이나 태블릿 PC, 콘솔에서 사용 불가능하며 컴퓨터에서만 사용할 수 있습니다). 당신이 원하는 대로 게임을 만들 수 있는 프로그램입니다!

만약 로블록스를 해보셨다면 이미 당신의 컴퓨터에 로블록스 스튜디오가 설치가 돼 있을 겁니다. 컴퓨터에 설치가 돼 있지 않다면 로블록스 사이트 위에 있는 만들기에 들어가서 로블록스 스튜디오를 다운받거나 www.roblox.com/create에 접속해서 화면에 나오는 안내를 따라 다운받으세요.

로블록스 스튜디오 이해하기

로블록스 스튜디오를 처음 열어보면 많은 것들이 보입니다. 화면의 한쪽에는 메뉴와 수많은 리소스들이 있습니다. 이 프로그램이 당신이 좋아하는 로블록스 게임을 만들어낸 프로그램입니다! 이제 당신이 만들어 볼 차례입니다.

로블록스 스튜디오는 이렇게 생겼습니다:

로블록스 스튜디오의 시작 페이지 ©ROBLOX CORPORATION

여기는 시작 페이지입니다. 당신이 로블록스 스튜디오를 열 때마다 이렇게 생긴 화면을 보시게 될 겁니다. **새로 만들기**는 왼쪽에 있으며 다음과 같은 다른 옵션도 있습니다.

☆ **내 게임**: 당신이 만든 게임들이나 프로젝트들을 모아둔 곳

☆ **최근 항목**: 최근에 작업한 게임들을 모아둔 곳

☆ **보관함**: 작업이 끝난 게임이나 프로젝트를 모아둔 곳

이미 있는 템플릿을 사용할 수도 있는데, 만들고 싶으신 특정한 종류의 게임을 쉽고 빠르게 만들게 도와줍니다. 간단하게 설명하기 위해서 Baseplate를 클릭해서 프로젝트를 시작하세요.

홈 메뉴

화면 맨 위에는 메뉴바와 맨 왼쪽에 파일, 홈, 모델과 같은 다양한 하위메뉴들이 있습니다. 기본적으로 시작할 때 나오는 메뉴는 홈입니다.

로블록스 스튜디오의 홈 메뉴 ©ROBLOX CORPORATION

홈 메뉴 가장 왼쪽에는 다음과 같은 필요한 모든 기본적인 도구들이 있습니다.

01 클립보드

클립보드와 관련된 도구를 다루며 로블록스 스튜디오 내에서 잘라내기, 복사, 붙여넣기나 중복과 같은 기능을 다루며 마치 휴대폰이나 컴퓨터에서 채팅할 때와 비슷합니다. 이러한 옵션들을 이용해서 당신이 만들고 있는 오브젝트를 복제하거나 삭제하고 복사나 삭제한 다음에 붙여넣기를 눌러서 다시 오브젝트를 불러올 수 있습니다.

02 도구

클립보드 옆에는 도구 아이콘이 있습니다. 선택은 게임 내에 있는 자동차나 나무를 선택하는 데 사용하고 이동은 오브젝트를 선택한 다음 움직일 때 사용합니다. 스케일은 오브젝트의 크기를 조절할 때 사용하고, 회전은 각각 다른 색상의 공을 드래그해서 오브젝트를 다른 방향으로 비틀고 회전하여 게임 내에서 오브젝트 위치를 바꾸는 데 사용합니다.

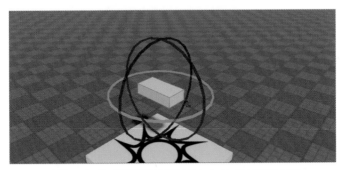

로블록스 스튜디오에서 블록을 회전해보세요 ©ROBLOX CORPORATION

회전 옆에 있는 버튼은 충돌입니다. 만약 이게 켜져 있다면 게임에 있는 군인들이나 건물과 같은 오브젝트들이 겹칠 수가 없습니다. 충돌은 오브젝트가 다른 오브젝트 옆으로 가거나 부딪치면 멈춘다는 겁니! 마지막으로 표면 결합은 오브젝트들끼리 서로 연결되거나 연결되지 않도록 선택하는 옵션입니다.

03 지형

로블록스에서 지원하는 지형은 게임 내 월드를 더 현실적이고 덜 네모나게 만들어 줍니다. 로블록스 지형은 지속해서 업데이트되었고, 이러한 기능들에 대해서는 이 챕터에서 나중에 다룰 겁니다.

04 삽입

다음은 삽입으로 작지만 매우 유용합니다. 도구상자를 클릭하면 로블록스 스튜디오 왼쪽에 도구상자 창이 열리며 다른 유저들이 만든 자동차나 집, 좀비와 로봇과 같은 수많은 오브젝트들을 당신의 게임을 만드는 데 무료로 사용할 수 있습니다.

로블록스 스튜디오 내 도구상자 기능 ©ROBLOX CORPORATION

도구상자 왼쪽 위에는 드롭다운 상자에 모델, 플러그인, 오디오, 이미지, 메시, 그리고 비디오와 같은 다양한 카테고리들이 있으며 그 외에도 다른 카테고리들이 있습니다. 당연하게도 여기에 있는 아이템들을 가져와서 만들려는 게임에 맞게 수정하는 것이 편합니다.

도구상자에서 House를 검색하세요 ©ROBLOX CORPORATION

이를 위해서 해야 하는 것은 간단하게 카테고리를 정하고 검색창에 당신이 찾는 것을 검색하는 것입니다. 예시로 "집"을 검색하고 검색 결과에 나온 것을 사용할 수 있습니다. 몇몇 집들은 무료라고 특별히 적혀있지만, 도구상자에 있는 모든 것들은 사실상 무료입니다. 몇몇 아이템들은 작은 주황색 아이콘이 붙어 있는데, 이것은 로블록스가 고퀄리티 아이템이라고 생각하는 아이템에 주는 아이콘입니다.

홈 메뉴에 있는 삽입으로 돌아와서, 도구상자 옆에는 파트와 그 밑에 작은 화살표가 있습니다. 작은 화살표를 클릭하면 5개의 옵션이 보입니다. 블록, 구, 쐐기, 코너 쐐기와 원통이 있습니다. 여기에 있는 블록들은 로블록스의 대부분의 건축물을 만든 것입니다. 만약 집 같은 무언가를 처음부터 만들고 싶으시다면 여기에 있는 다양한 파트들을 심혈을 기울여서 조합하면 만드실 수 있을 겁니다.

파트 아이콘 옆에 있는 것은 UI 아이콘입니다. 사진 프레임이 상자 앞에 있는 것처럼 생겼을 겁니다. UI는 User Interface, 유저 인터페이스의 줄임말로 가끔 GUI(구이 아니면 지-유-아이)으로도 불립니다. 여기서 버튼이나 라벨, 메뉴, 이미지와 같이 플레이어들이 게임 내에서 상호작용할 수 있는 걸 만들 수 있습니다. 클릭하시면 UI 하위메뉴가 열리고, 다시 돌아가려면 위에 있는 홈 메뉴를 누르시면 됩니다.

05 편집

그 오른쪽 옆은 편집으로 게임 내 세계를 변화시킬 수 있습니다. 재질 관리자는 오브젝트의 재질을 바꿀 수 있는데, 예시로 나무 상자를 만든 다음에 블록으로 만든 것처럼 바꿀 수 있습니다. 만약 재질을 바꾸신다면, 블록이 가지고 있는 물리적 속성 또한 바뀝니다. 만약에 블록을 나무로 바꾼다면 물 위에 뜨지만, 철로 바꾼다면 가라앉습니다. 재질 관리자 옆에는 색이 있습니다. 색을 사용해서 오브젝트의 색상을 바꾸세요. 다양한 재질과 색상의 조합을 사용해보세요!

도구상자 이용하기

로블록스 스튜디오의 도구상자는 멋지고 높은 퀄리티를 가진 물건들로 가득 차 있습니다. 처음부터 만들어야 하는 수고를 덜어줘서 엄청나게 도움이 됩니다! 하지만 고려해야 할 점 하나가 있는데, 도구상자에 있는 것으로만 만든다면 게임의 독창성이 떨어져서 사람들이 하지 않는다는 점입니다. 도구상자에 있는 아이템들을 수정하고 당신만의 독창적인 오브젝트를 만들어서 다양성을 더하면 당신처럼 독창적인 게임이 될 겁니다!

마지막으로, 편집에 그룹, 잠금 그리고 앵커가 있습니다. 클릭하고 마우스 커서로 여러 개의 오브젝트를 선택한 다음에 그룹을 클릭하세요. 그룹을 하면 모델이라는 것을 생성하며 그룹 오브젝트들을 한번에 같이 움직이게 해줍니다. 그룹화 해제는 모델을 분리해서 그룹의 반대로 사용합니다. 앵커는 약간 다른데, 게임을 할 때 오브젝트를 제자리에 있도록 고정해줍니다. 만약 앵커가 안 되어 있다면 자유롭게 움직이거나 굴리고 떨어뜨릴 수 있습니다.

① 편집의 좋은 예시

지금까지 가르친 것을 활용해 보기 위해, 도구상자에서 군인을 가져와 봅시다. 도구상자에서 "Soldier"를 검색하고 공식 황금색 로블록스 방패 아이콘이 있는 것을 불러오세요. 대부분 군인들이 주로 입는 초록색 옷을 입고 있는 것이 보이죠? 도구상자에서 불러온 것처럼 보이지 않도록 파란 바지와 검은색 옷으로 바꿉시다.

옷만 선택해서 수정하기가 어렵다고요? 군인을 클릭해서 선택한 다음, 편집 칸에서 그룹화 해제로 군인의 모든 파츠들이 나누어지도록 하면 군인 캐릭터의 특정한 부분만 골라서 수정이 가능해집니다! 이제 팔이나 얼굴, 몸통과 같은 군인의 특정한 부분의 선택할 수 있게 됩니다. 옷이 있는 그의 상체를 클릭하고 편집에 가서 색에서 검은색을 고르면 검은 셔츠로 바뀝니다! 이제 다리를 각각 선택하고 색에서 파란색을 선택하면 초록색 바지 대신에 파란 바지를 가지게 됩니다.

이제 군인은 검은 셔츠와 파란 바지를 입고 있습니다 ©ROBLOX CORPORATION

이제 좀 까다로운 부분입니다. 다시 도구상자로 돌아가서 "soldier rthro"를 검색하고 로블록스 공식 황금색 방패 아이콘이 있는 군인을 게임에 불러오세요. Rthro를 가진 캐릭터의 바지나 셔츠의 색을 바꾸려고 하면 하얀 텍스처가 있는 곳만 바뀐다는 것을 알 수 있습니다. 이는 Rhtro가 "메시" 파츠를 이용하기 때문입니다. Rthro는 아바타의 새로운 형태이며 팔, 다리, 머리나 옷과 같은 새로운 Rhtro 파츠를 만들기 위해서는 Blender 3D와 같은 로블록스 외부의 3D 모델링 프로그램이 필요합니다. 이미 로블록스에 바로 사용할 수 있는 수많은 Rthro들이 있으므로 이 책에서는 어떻게 만드는지 다루지 않을 겁니다. 다시 돌아와서, 색상을 바꾸고 싶으시다면 파트에 있는 텍스처를 제거하고 당신이 원하는 색으로 바꾸세요. 나중에 다른 텍스처를 만들 수도 있습니다.

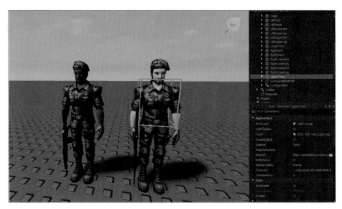

Rthro 군인 ©ROBLOX CORPORATION

이러한 방법들을 따라 하면 게임을 만들 때 도구상자에서 불러온 물체에 손쉽게 변화를 줄 수 있습니다. 레이싱 게임을 만들고 있다면 자동차의 색상이나 재질을 바꿔서 더 멋지게 바꾸거나, 관객들을 가지각색으로 바꾸어서 더 생동감 있는 경기장으로 만듭니다. 이런 변화를 줘서 게임을 더 재밌게 만들 수 있습니다.

06 테스트

홈 메뉴에서 다음은 테스트입니다. 게임을 충분히 제작했고, 직접 플레이하며 테스트하고 싶으시다면 테스트 버튼을 누르시면 됩니다. 그러면 당신의 캐릭터가 게임에 나타나며 다른 로블록스 게임들처럼 자유롭게 돌아다닐 수 있습니다. 여기서 플레이 옵션은 원하는 위치에서 게임 테스트를 시작하게 해주며 실행은 캐릭터가 스폰하지 않는 상태에서 테스트를 실행합니다. 게임에 있는 것들이 플레이어의 간섭 없이 어떻게 돌아가는지 이해하고 싶을 때 좋은 방법입니다. 마지막으로 중지 버튼으로 테스트를 끝냅니다.

로블록스 스튜디오 둘러보기

게임을 만들기 위해서는 캐릭터의 옷을 바꾸거나 집을 추가하는 방법 같은 디테일을 이해해야 할 뿐만 아니라 게임 속에서 어떻게 만들고 수정하는지도 알아야 합니다.

로블록스 스튜디오에서는 캐릭터를 조종하지 않고 그 대신 게임 월드를 보여주는 투명한 카메라를 조정하게 됩니다. 로블록스 스튜디오에서는 로블록스 게임들과 마찬가지로 W, A, S와 D 버튼을 통해서 카메라를 조작하고 마우스 오른쪽 버튼을 클릭하면 카메라를 돌리거나 회전할 수 있으며, 마우스 휠을 돌리면 화면을 확대하거나 축소할 수 있고 컨트롤(Ctrl) 키를 누른 상태에서 마우스 왼쪽 버튼을 누르면 여러 개의 오브젝트들을 선택할 수 있습니다.

로블록스 스튜디오에 적응하다 보면 자연스럽게 단축키를 익히게 되고, 사소한 것 하나하나 메뉴를 눌러가며 찾지 않아도 됩니다.

모델 메뉴

대부분은 홈 메뉴에 필요한 게 거의 다 있어서 다른 메뉴를 사용할 일이 없지만 가끔은 필요한 도구를 쓰기 위해서 다른 메뉴를 사용하게 됩니다.

로블록스 스튜디오의 모델 메뉴 ©ROBLOX CORPORATION

모델 메뉴는 홈 메뉴 오른쪽에 있고 가장 첫 번째로 있는 기능은 도구이며 홈 메뉴에 있는 도구와 거의 같습니다. 유일한 다른 점이 있다면 여기에는 변형이 있다는 것이죠. 변형 도구는 이동, 회전 그리고 스케일을 합친 도구이며 모델과 오브젝트를 특정한 그리드에 맞춰서 이동하게 해줍니다.

도구 다음에는 그리드에 맞추기가 있으며 주로 세밀한 것들을 만들 때 필요합니다. 로블록스 스튜디오에서 오브젝트를 선택하면 그리드가 나타나는데, 여기에 있는 옵션이 회전 각도나 이동을 설정하게 도와주며 그리드에 맞추면 게임의 투명한 그리드라인을 통해서 오브젝트를 배치할 때 큰 도움이 되지만 지금은 무시하셔도 됩니다.

모델 메뉴에서 나머지 옵션들, 입체 모델링, 제약, 게임플레이와 고급은 나중에 다른 챕터에서 설명하므로 지금은 넘기도록 하겠습니다.

지형 편집기

지형 편집기는 제가 로블록스 스튜디오에서 가장 좋아하는 기능인데, 게임에서 큰 변화를 빠르게 줄 수 있습니다. 만약에 게임을 대부분의 로블록스 월드의 블록 디자인과 반대로 현실적으로 만들고 싶으시다면 지형 편집기를 사용해보세요.

로블록스 스튜디오의 지형 편집기 ©ROBLOX CORPORATION

홈 메뉴에 있는 지형 편집기는 만들기와 지역 그리고 편집, 3가지의 탭이 있습니다. 시작하기 위해서 만들기 탭에 있는 생성을 누르면 다양한 설정이 가능한 창이 나올 겁니다. 창에 있는 기본 설정을 사용해보세요. 저는 위치: 0,0,0 크기: 1024,512,1024로 했습니다. 재질 설정에서는 평야, 언덕 그리고 산을 체크했습니다. 설정이 끝났다면 생성 버튼을 누르고 지형이 생성되는 마법을 보세요.

로블록스 스튜디오가 지형을 만드는 동안, 카메라를 움직여서 확인해 볼 수 있습니다. 평평했던 땅은 이제 언덕으로 변하고, 만약에 물을 선택하셨다면 평야 한가운데에 강이 생기며, 평지에서 언덕과 바위산이 솟아오를 것입니다. 이 모든 과정 후에는 다른 게임에서 볼 수 있는 지형처럼 현실과 같은 환경이 생깁니다.

로블록스 스튜디오의 디테일한 지형 ©ROBLOX CORPORATION

이제 다른 환경으로 다시 한번 만들어봅시다. 이번에는 모래 언덕, 협곡, 산 그리고 용암 지대를 섞어 봤습니다. 생성을 누르고 어떻게 나오는지 지켜보세요.

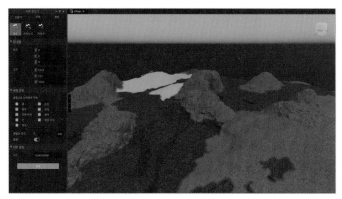

로블록스 스튜디오에서 가능한 다양한 지형들 ⓒROBLOX CORPORATION

뭐가 다른지 보이나요? 지형 설정을 바꿈으로써 완전히 색다른 지역을 게임에 넣을 수 있습니다. 하지만 이 방법은 무작위로 지역을 생성할 뿐이니, 원하는 대로 어떻게 바꿀 수 있는지 알아봅시다. 편집 버튼을 눌러보세요.

☆ 추가: 추가 버튼을 눌러보시면 공 모양이나 상자 모양, 크기와 베이스 크기 그리고 다양한 지형 재질을 설정할 수 있습니다. 잔디 같은 지형을 선택한 다음 맵 아무 곳에 왼쪽 마우스를 클릭해 보세요. 당신의 공이나 상자가 있는 곳에 선택한 재질을 추가할 겁니다. 하늘에 떠다니는 흙덩어리는 이상하지만, 이 도구를 사용해서 산이나 언덕을 만들어 보면 덜 이상해 보일 겁니다. 또한 모래, 물, 눈 그리고 얼음과 같은 지형을 추가해서 다채로운 환경을 만들기 좋은 도구입니다.

☆ 삭제: 삭제 기능은 추가 도구와 정반대의 역할을 합니다. 없애고 싶은 지형에 마우스 왼쪽을 클릭하고 문지르면 청소기가 빨아들이듯 지형이 사라집니다.

☆ 높이기와 낮추기: 높이기와 낮추기는 추가와 삭제 기능과 비슷하지만, 지형 덩어리를 추가하는 것과 다르게 설정을 사용해서 이미 있는 지형을 높이거나 낮춥니다.

왼쪽: 높이기 오른쪽: 낮추기 ⓒROBLOX CORPORATION

☆ **다듬기:** 다듬기는 다른 도구를 사용한 다음에 지형을 자연스럽게 만들기 좋은 도구입니다. 예시로, 만약 산이 너무 울퉁불퉁하거나 지형을 너무 삭제해서 뾰족하다면 다듬기로 고칠 수 있습니다.

☆ **평탄화:** 평탄화는 지형을 선택한 다음에 마우스를 움직여 지형을 평탄화시키는 도구입니다. 이 도구로 만진 지역들은 시작한 지형을 기준으로 평탄화가 되며 울퉁불퉁한 지형을 없애는 데 큰 도움이 됩니다.

☆ **칠하기:** 칠하기는 페인트 붓처럼 당신이 선택한 재질을 색칠하도록 해줍니다. 산봉우리에만 눈을 넣고 싶을 때와 같은 특정한 상황에서 큰 도움이 됩니다.

☆ **해수면:** 해수면은 지역을 선택하고 크기를 선택하면 해당 지역을 물로 채우거나 이미 있는 지역의 물을 삭제하는 도구입니다. 섬이나 해변을 만들 때 쓰기 좋습니다.

☆ **바꾸기:** 바꾸기 도구는 기존의 한 재질을 다른 재질로 바꾸도록 해줍니다. 녹지에서 모험하는 게임에서 겨울 이벤트를 하고 싶은 상황이 온다면 이 도구를 통해서 빠르게 잔디를 눈으로 바꿀 수 있습니다!

마지막으로, 지역 창입니다. 이 도구를 사용하면 지형을 선택한 다음에 원하는 대로 움직이거나 복사, 크기 조절 아니면 회전할 수 있습니다.

로블록스 스튜디오에서 할 수 있는 모든 것 중에서, 지형 편집기 기능은 가장 이해하기 쉽지만 완벽하게 다루기에는 어려운 도구입니다. 하지만 산을 만들고, 이상해 보이면 삭제하며 연습을 반복하면 자연스럽게 자유자재로 다루게 될 겁니다.

테스트 메뉴

로블록스 스튜디오 테스트 메뉴 ©ROBLOX CORPORATION

게임을 만들고 난 다음에 플레이가 가능한 단계(게임을 만드는 방법은 조금 후에 다루겠습니다)까지 왔다면, 테스트 메뉴를 살펴볼 시간입니다. 여기서는 간단하게 설명하겠습니다.

☆ **시뮬레이션**: 가장 왼쪽에 있는 시뮬레이션은 홈 메뉴와 같이 플레이, 여기서 플레이 그리고 실행 옵션이 있지만 여기서는 다른 옵션들도 있습니다. 영화를 멈추는 것처럼 게임을 멈출 수 있는 일시 정지, 멈춘 게임을 다시 돌아가게 하는 재개 버튼이 있으며 나머지는 좀 더 복잡해집니다.

☆ **클라이언트 및 서버**: 시뮬레이션 옆에 있는 클라이언트와 서버는 멀티플레이 게임을 만들고 있을 때 다른 사람들과 게임을 테스트하도록 해줍니다. 팀과 같이 게임을 만들고 있다면 이 기능을 선택하고 다른 사람들이 시뮬레이션에 들어올 수 있도록 정할 수 있습니다.

☆ **에뮬레이션**: 그다음은 에뮬레이션으로 컴퓨터 외의 스마트폰이나 태블릿 PC와 같은 플랫폼과 같은 환경에서 테스트하게 해줍니다. 어떠한 유형의 플레이어가 어디 지역에서 들어오는지 설정해서 지역이 게임플레이에 영향을 주는지도 테스트할 수 있습니다.

☆ 오디오: 마지막으로 오디오는 당연하지만~ 소리를 다룹니다!

 보기 메뉴

다음은 보기 메뉴로, 보시다시피 수많은 것들이 여기에 있습니다. 각각 한번 살펴봅시다.

로블록스 스튜디오의 보기 메뉴 ©ROBLOX CORPORATION

01 표시

여기에 있는 아이콘들을 통해서 로블록스 스튜디오에서 당신이 볼 수 있는 메뉴를 간단하게 켜고 끌 수 있습니다. 이것이 표시가 보기 메뉴에서 가장 큰 이유입니다. 여기 나오는 것들이 필요한 전부입니다!

예시로 탐색기를 클릭하면 화면 오른쪽에 있는 탐색기 창을 숨깁니다. 탐색기 창은 프로젝트에 저장된 모든 파일이 어떠한 순서로 되어 있는지, 어디에 있는지 등을 보여줍니다. 항상 볼 필요는 없으므로 방해가 된다면 숨기세요.

탐색기 창 ⓒROBLOX CORPORATION

다음은 속성입니다. 오른쪽 탐색기 창 밑에 있는 것이 속성 창이며 지금 아이콘을 누르면 닫히게 될 겁니다. 속성에서는 게임 내에 있는 선택한 아이템이나 오브젝트에 대한 정보를 자세히 알 수 있습니다. 예를 들어 오브젝트를 선택한 후 속성 탭을 확인하면 얼마나 큰지, 몇 개의 블록이 사용되었는지 볼 수 있습니다.

스크립트 분석, 호출 스택, 스크립트 성능과 같은 나머지는 나중에 로블록스 스튜디오에 익숙해지면 배워 나갈 것들입니다.

02 작업

작업에서는 재미있는 것들을 해볼 수 있습니다. 예시로 뷰 선택기를 누르면 오른쪽 위에 있는 카메라가 XYZ 좌표 기반으로 어디를 향하고 있는지 알려주는 3D 나침반을 띄울 수 있습니다. 전체 화면을 누르면 로블록스 스튜디오 화면을 전체 화면으로 바꿔서 최대한 많은 정보를 화면에 나오게 할 수 있으며 스크린샷은 화면을 캡처하고, 비디오 녹화는 영상을 찍어줍니다.

03 설정과 상태

보기 메뉴의 나머지 부분인 설정과 상태에는 더 복잡한 용도로 쓰인 기능들이 있습니다. 여기서는 게임이 얼마나 잘 돌아가는지, 네트워크 연결 상태가 어떤지, 와이어 프레임으로 전환하는 기능 등 다른 기능들이 있습니다. 이러한 기능들은 첫 게임을 만들 때는 필요가 없으니 걱정하실 필요는 없습니다.

플러그인 메뉴

로블록스 스튜디오 플러그인 메뉴 ⓒROBLOX CORPORATION

로블록스 스튜디오의 마지막 메뉴는 플러그인입니다. 플러그인은 만들고 있는 게임을 향상시킬 수 있는 추가 기능입니다. 다음은 로블록스 플러그인으로 할 수 있는 것들입니다.

☆ **도구:** 로블록스 사이트나 포럼에서 게임에 사용할 수 있는 플러그인을 찾을 수 있으며 플러그인 관리 버튼을 누르면 새로운 플러그인을 찾거나 설치된 플러그인을 설정할 수 있습니다. 플러그인 폴더에는 설치된 플러그인들이 저장되어 있습니다.

☆ **애니메이션:** 애니메이션에는 애니메이션 편집기와 리그 빌더 기능이 있습니다. 애니메이션 편집기를 사용하면 캐릭터나 오브젝트가 게임에서 특정한 액션을 취하도록 만들 수 있습니다. 예를 들어서 군인이 도망갈 때 팔이 움직이도록 할 수 있습니다. 애니메이션을 잘 만들기 위해서는 많은 연습이 필요합니다. 모델과 캐릭터들을 만지면서 많은 시간을 투자해야 해서 그렇습니다. 그리고 리그 빌더 기능은 애니메이션이 필요한 오브젝트나 캐릭터를 만드는 데 큰 도움이 됩니다.

로블록스 스튜디오에 대한 기초를 다졌습니다! 이제 어떻게 도구를 쓰는지 이해했으니 게임을 만들 수 있겠죠.

CHAPTER 04

첫 게임 만들기

로블록스 스튜디오에 적응되고 나면 게임을 만드는 것은 쉽지만 어떤 게임을 만들지 정하는 것이 오히려 어려울 수도 있습니다. 처음에 시작할 때는 무엇이 재미있는지 확인하기 위한 다양한 시도를 두려워하지 마세요. 게임이 원하는 대로 안 만들어져도 걱정하지 말고요. 최고의 개발자들에게도 일어나는 일들입니다. 게임을 만들면 만들수록 더 많은 경험과 연습이 되고, 이것이 훌륭한 게임 개발자가 되는 최고의 길입니다!

게임 아이디어 생각하기

로블록스의 가장 좋은 점은 만들고 싶은 게임을 자유롭게 만들 수 있다는 것입니다. 이 책에서 이해하기 쉽고 배우기 좋은 아이디어를 알려줄 거지만, 100% 자신만의 재밌고 특별한 게임 아이디어를 써도 됩니다.

하지만 모든 아이디어가 로블록스에서 통하는 건 아니죠. 예시로, 3차원이 아닌 옆에서 옆으로만 움직이는 슈퍼마리오와 같은 2D 사이드스크롤 점프 게임은 쉽게 만들기 어려울 겁니다.

이제 알려줄 방법으로 로블록스에서 어떤 게임이 좋을지 생각해 보세요.

01 다른 게임 연구하기

어떤 종류의 게임이 재밌을지부터 생각해보세요. 로블록스에 가서 만들고 싶은 것과 비슷한 게임을 계속해보세요. 그러다 보면 어떤 게임들이 있는지, 플레이어들이 뭘 좋아하는지 알 수 있으며 어느 것이 통하고 안 통할지 감을 잡을 수 있을 겁니다. 해본 게임이 재미가 없었다면 당신이 만들어도 재미가 없을지도 모르지만, 뭐가 부족해서 재미가 없는지 생각하고 해결 방법을 당신의 게임에 넣으면 됩니다!

02 아이디어 작성하기

잊어버리지 않게 아이디어를 적어 놓는 것도 좋은 방법입니다. 뭔가 좋은 생각이 났으면 노트에 써 두거나 컴퓨터에 저장해 놓으세요. 게임의 주목적이 무엇인가요? 플레이어가 무엇을 할 것인가요? 어떠한 점이 재미있나요? 이미 있는 게임과는 무엇이 같고 다른가요? 당신이 만들고 있는 게임에 맞지 않는 아이디어라도 적어두는 게 좋을 겁니다. 나중에 다른 게임을 만들 때 도움이 될 수 있거든요!

03 친구들의 생각 듣기

친구들에게 당신의 아이디어에 관해서 물어보는 것도 좋습니다. 친구들이 재미있다고 생각하면 다른 사람들도 재미있다고 생각할 가능성이 큽니다. 그리고 친구들이 어떻게 게임을 더 재미있게 만들 수 있을지 아이디어를 줄 수도 있잖아요!

게임 제작 기초

당신이 만드는 첫 번째 게임이니 처음부터 엄청난 게임을 만들려고 하지 마세요. 게임 제작 절차에 대해서는 이렇게 생각해보세요.

1. 나만의 게임 아이디어 구상하기
2. 아이디어를 구현할 간단한 월드 만들기
3. 지형 만들기
4. 캐릭터와 오브젝트 추가하기
5. 플레이어가 할 것을 넣기

간단한 점프 맵으로 시작해봅시다. 로블록스에서는 점프맵을 오비라고 부르는데, 플레이어가 빠르게 시간에 맞춰서 장애물을 피해 움직이는 장르입니다. 전통적인 게임들은 보통 이런 장르를 플랫폼 게임이라고 부르며 마리오, 소닉 그리고 크래쉬 밴디쿳과 같은 게임들이 있습니다. 한 플랫폼에서 다른 플랫폼으로 빠르고 신중하게 움직여야 하기 때문에 이런 이름이 붙었습니다.

오비를 만드는 것은 쉬우며 재밌고 로블록스에서 가장 흔한 종류의 게임이기도 합니다.

01 좋은 오비 게임의 특징

게임을 만들기 전에 몇 가지를 먼저 생각해 보는 것이 좋습니다. 예를 들어서 다른 사람에게 게임을 보여주면서 이 게임은 총 게임이라고 말하면, 상대방은 자연스럽게 움직이면서 총을 쏘고 적을 잡는 게임이라고 생각할 겁니다.

따라서 로블록스에서 다른 사람이 당신의 게임을 보고 오비라고 인식하면 게임에 뭐가 있을지 예상한다는 것입니다. 로블록스 오비 게임의 특징들입니다.

① 이동

다른 로블록스 게임들처럼 플레이어는 움직이고 점프할 수 있어야 합니다. 그 외에는 빠르게 움직이면서 장애물을 피해서 목적지에 도착하는 거죠.

② 장애물

아시다시피 오비라는 이름이 장애물에서 왔으니 게임에도 장애물이 꼭 필요합니다. 장애물들은 점프해야 하는 플랫폼이나 위험한 함정, 탐험할 큰 공간을 설치하고, 아니면 3개 전부를 포함할 수도 있습니다.

③ 체크포인트

플레이어에게 오비 게임이 어려울 경우를 대비해서 레벨마다 체크포인트를 설치하는 것은 매우 중요합니다. 체크포인트가 있으면 떨어지거나 죽었을 때 짜증 나게 처음부터 시작하는 게 아니라 마지막 체크포인트에서 다시 시작할 수 있습니다. 꼭 체크포인트를 넣어야 하는 것은 아니지만 체크포인트가 있으면 플레이어들은 더 재밌게 게임을 하고 계속 도전하려고 할 겁니다.

④ 목표

플레이어들을 오비 게임의 목적지까지 가게 하기 위해서는 목적이 필요합니다. 아주 큰 마지막 체크포인트가 기다릴 수도 있고 아니면 잘했다고 칭찬하는 캐릭터의 메시지일 수도 있습니다. 엔딩이 무엇이든 간에, 좋은 오비 게임은 플레이어가 무언가를 성취했다고 느끼게 해줘야 합니다.

간단한 로블록스 게임 만드는 5단계

게임을 만들 때는 5분이 걸릴 수도, 아니면 5주가 걸릴 수도 있습니다. 어떤 경우는 완성하는 데 몇 년이 걸리기도 합니다. 그런 게임들은 대부분 큰 팀이나 그룹이 만드는 게임이며 개인 개발자들은 보통 해당이 없지요. 이 모든 것은 당신이 얼마나 자세하게 만들 것인가에 따라서 다릅니다. 이제 다음 5단계를 따라서 밋밋한 로블록스 템플릿을 당신만의 재밌는 게임으로 바꿔봅시다!

01 1단계: 템플릿 정하기

로블록스 스튜디오를 열면 기본 시작 페이지에서 왼쪽의 새로 만들기를 누르세요. 여기서 템플릿 필터를 모든 템플릿 아니면 게임플레이로 설정하세요. 이렇게 설정 해서 나온 템플릿 중에서 하늘에 블록들이 떠 있는 사진이 있는 Obby가 보이면 클 릭합니다.

이 템플릿에는 우리가 첫 게임을 만드는 데 필요한 모든 것이 기본적으로 있으므 로, 처음부터 모든 것을 만들 필요는 없습니다.

> ### 키보드와 마우스
>
>
> 마우스 오른쪽 버튼을 누른 상태로 마우스를 움직이면 카메라를 돌려서 자유롭게 주변을 볼 수 있습니다. 마우스 휠을 돌려서 확대하거나 축소할 수 있습니다. 키보 드로 W를 눌러서 앞으로, S를 눌러서 뒤로, A를 눌러서 왼쪽으로 그리고 D를 눌 러서 오른쪽으로 움직일 수 있습니다. 그리고 E로는 위로, Q로는 밑으로 움직일 수 있습니다. 마우스 왼쪽을 눌러서 메뉴 아이콘이나 오브젝트를 누를 수 있으며 마우스 오른쪽 클릭으로 메뉴 아이템을 확인할 수 있습니다.

02 2단계: 템플릿 가지고 놀기

템플릿의 로딩이 끝나면 사진과 같은 화면이 보일 겁니다. 허공에 블록 몇 개가 떠 다니고 있죠. 좀 이상하게 들리겠지만, 이 템플릿에 있는 게임을 수정하지 않고 게 임을 한 번 해 보세요. 홈에서 테스트 칸에 있는 화살표를 눌러서 테스트를 시작하 세요.

오비 게임을 만드는 기본 템플릿 ⓒROBLOX CORPORATION

오비 템플릿 플레이하기

WASD를 눌러서 캐릭터를 움직이고 스페이스바로 점프하세요. 마우스 오른쪽 버튼을 누르고 화면을 움직여서 게임을 하기 편한 시점으로 바꿀 수도 있습니다. 하얀 블록으로 뛰고 빨간색 블록을 피하고 회오리 그림이 그려진 블록을 만져서 체크포인트를 활성화하세요.

게임을 해보면 템플릿이 좋은 오비 게임이 가지고 있어야 할 4가지를 모두 가지고 있다는 것을 알 수 있습니다. 움직이며 점프를 해서 게임을 깨고 피할 장애물이 있으며 체크포인트, 그리고 게임을 끝낼 목표도 있습니다. 하지만 당연하게도, 지금은 별로 재미가 있지는 않습니다.

03 3단계: 템플릿 수정하기

다른 게임들 사이에서 당신의 게임을 더 돋보이게 만드는 방법에 대해서 이야기한 걸 기억하나요? 수많은 사람들이 이미 이 템플릿을 이용해서 게임을 만들었고 사람들이 처음 보게 될 것은 넓고 푸른 하늘입니다. 이것부터 바꿔봅시다.

보기 메뉴의 표시 칸에 있는 탐색기를 켜고 Lighting을 찾아서 클릭하면 속성이 보일 겁니다.

속성 ©ROBLOX CORPORATION LIGHTING

속성의 목록은 너무 길며 탐색기 목록에 있는 각각의 항목마다 다른 속성들이 있습니다. 이해해야 할 숫자들과 글자들이 많이 보이지만, 복잡하게 생각할 필요 없이 Data 칸을 보세요. Data 칸 맨 위에는 TimeOfDay 값이 있습니다. 이 템플릿의 기본 시간 값은 14:30:00(24시간 체계를 쓰는 군대 시간)이며 14:30은 오후 2:30과 같습니다. 게임 템플릿의 시간이 이른 오후로 설정이 돼 있어서 하늘이 맑고 파랗습니다. 다른 느낌을 주기 위해서 시간을 저녁으로 바꿔봅시다. 14:30:00을 눌러서 새로운 값인 20:00:00(저녁 8:00시와 같은 시간)을 넣고 엔터 키를 누르면 보라색과 검은색으로 이루어진 멋진 밤하늘이 생길 겁니다.

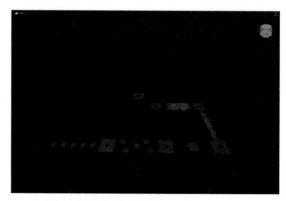
밤하늘로 바꾼 오비 게임 템플릿 ©ROBLOX CORPORATION

간단한 숫자 하나로 얼마나 큰 변화를 주었는지 보셨나요? 이왕 시각적인 효과를
바꾸는 것을 다루고 있으니 챕터 3에서 군인을 수정한 것처럼 조금 더 변화를 줘봅
시다. 지금 이 템플릿에서 걸어 다닐 수 있는 블록은 하얀색이고 피해야 할 블록은
빨간색입니다. 안전한 블록은 평범한 빨간색으로, 위험한 블록은 네온 빨간색으로
바꿔서 밤에 더 튀도록 만들어 봅시다.

먼저 화면을 확대해서 맵 전체를 보고 마우스 왼쪽 클릭해서 드래그하여 상자를 만
든 다음, 한번에 하얀 블록을 모두 선택하세요. 이제 하나하나 번거롭게 바꾸지 않
고 한꺼번에 색을 바꿀 수가 있습니다(Ctrl 키를 누른 다음에 블록을 하나하나 선
택해서 그룹에 넣어 수정할 수도 있습니다). 이보다 더 빠른 방법은 오른쪽에 있는
탐색기에서 "Workspace" 옆에 있는 작은 화살표를 눌러서 Workspace 폴더를
여는 겁니다. 그다음에는 Obby Structures 폴더가 보이는데, 이 폴더는 여는 게
아니라 오른쪽 클릭하고 "하위 항목 선택"을 누르세요. 이렇게 하면 수정하고 싶은
블록들이 강조될 겁니다.

이제 홈 메뉴에서 편집을 찾고 재질을 클릭한 다음 Brick을, 색에서는 진홍색이나
적갈색 같이 진짜 블록과 비슷한 어두운 색상의 빨간색을 클릭하면 선택한 블록의
재질과 색상이 바뀔 겁니다. 안전한 블록 말고 시작 블록도 변경할 수 있습니다. 저
는 네온 재질과 뉴 옐러를 사용했습니다.

빨간색으로 바꾼 블록들 ⓒROBLOX CORPORATION

흠음. 이제 보니 안전한 블록을 빨간 블록으로 바꾼 것이 그다지 어울리지 않습니다. 피해야 할 블록 색이 새로 바꾼 안전한 블록의 색과 비슷하고, 보라색 점프 블록이 너무 어두워서 잘 보이지 않네요. 이제 모든 것을 바꿔봅시다.

위험한 블록을 모두 선택한 다음에 네온 재질과 진빨강을 선택해서 눈에 띄도록 바꾸고 보라색 점프 블록은 파란색으로 바꿔봅시다. 이제 색들이 더 눈에 띄는 것을 확인할 수 있습니다. 이렇게 바꾸니 게임이 기존 템플릿과 많이 달라 보입니다!

새로운 색으로 수정한 오비 게임 템플릿 ⓒROBLOX CORPORATION

색만 바꾼 것치고는 괜찮네요.

배경하고 블록을 바꾸니 맵이 달라 보이지만 실질적으론 기본 템플릿하고 다른 게 없습니다. 만약 다른 사람이 이 기본 템플릿을 플레이해봤다면 어떻게 해야 할지 이미 알고 있겠죠. 기존 템플릿과는 다르게 만들고 당신만의 빌딩을 게임에 넣어야 합니다.

한번 간단하게 시작해봅시다. 안전한 블록 중 하나를 선택하고 복사를 누르세요. 그 다음에 템플릿 기본 레벨의 끝에 가서 붙여넣기를 누르면 새로운 블록이 나타날 겁니다. 새로운 블록을 원하는 위치에 넣는 방식으로 레벨을 확장하세요.

다른 종류의 블록을 사용하고 계속 빌딩을 해보세요. 이게 바로 기본 템플릿으로 시작해서 당신만의 레벨을 만드는 방법입니다.

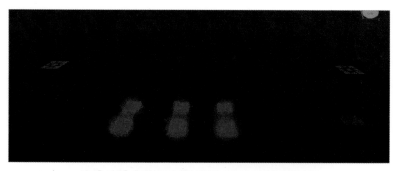

새로운 레벨을 추가한 오비 게임 템플릿 ©ROBLOX CORPORATION

위 사진을 보면 어떻게 레벨을 확장할 수 있는지 몇 가지 예시를 볼 수 있습니다. 저는 체크포인트 앞에 블록 몇 개를 두고, 네온 빨간색의 피해야 할 블록을 그 옆에 두어서 어려운 지점을 하나 만들었습니다. 그리고는 다음 체크포인트에 가기 위해서 플레이어가 점프할 수 있도록 트램펄린 블록을 설치했습니다.

이런 식으로 기존의 템플릿을 사용하면서 트램펄린을 사용해서 점프하는 것처럼 저만의 아이디어를 넣었습니다. 이제 이걸 토대로 더 어렵고 재밌는 오비 맵을 만들 수가 있습니다.

05 5단계: 플레이테스트!

게임을 만들 때 오비와 같이 도전적인 게임들은 너무 어렵지 않도록 반복해서 게임을 테스트해보는 것이 좋습니다. 친구들과 가족들에게 게임을 테스트해달라고 부탁하는 것도 좋습니다. 이런 것을 플레이테스트라 부르며 전 세계에 있는 게임 개발자들이 자신의 게임이 재밌는지, 또는 버그가 있는지 확인하기 위해서 시행합니다! 플레이테스트를 하면서 몇 가지 수정하고 추가하고 삭제하고 싶은 게 보일 겁니다. 그렇다면 잘 정리해두었다가 수정하고 다시 테스트하세요.

마치 면서

드디어, 당신만의 첫 번째 로블록스 게임을 만들었습니다! 축하합니다. 이제 다음 단계로 넘어가서 세계를 만드는 방법에 대해서 알아봅시다. 둥둥 떠다니는 점프맵도 재밌지만 진짜로 탐험이 가능한 월드를 만드는 것은 더 재밌습니다.

CHAPTER 05

월드 만들기

처음 만든 게임은 매우 간단할 겁니다, 그래도 괜찮습니다. 걷기 전에 기어 다니는 법을 먼저 배워야 하는 것처럼 로블록스에서 게임을 만드는 것도 크게 다르지 않습니다. 이 챕터에서는 어떻게 월드를 만드는지와 월드가 게임 제작에서 왜 중요한지를 배울 겁니다. 이번 챕터에서는 다음과 같은 것도 배우게 됩니다.

- 사실적으로 보이는 세계 만들기
- 로블록스 월드에서 게임이나 레벨을 얼마나 크고 작게 만들지 결정하기
- 반복적인 느낌을 주지 않고 오브젝트와 환경을 재사용하여 빠르게 게임 제작하기
- 게임 템플릿을 사용해서 다양한 장르 만들기

당신의 세계는 어떻게 보일까요?

게임을 어떻게 만들지 브레인스토밍할 때 첫 단계이자 가장 중요한 단계는 당신의 아이디어가 어떻게 거대한 세계와 어울릴지 생각하는 것입니다. 여기서 말하는 "세계"란 우리가 사는 현실이 아니라, 말 그대로 가상의 세계관 같은 겁니다. 예를 들자면 스타워즈, 해리포터 그리고 포켓몬이 당신이 알고 있는 다른 "세계"입니다. 저러한 작품들의 제작진들은 생동감 넘치게 만들기 위해서 세계관을 만드는 데 엄청난 노력을 했습니다. 각각 다른 장소를 만들고, 다양한 캐릭터와 가족들 그리고 뒷이야기를 만드는 방식으로 말이죠.

당신의 간단한 로블록스 게임이 미래의 해리포터가 되기는 어렵겠지만 좋은 게임을 만들고 싶다면 멋진 세계를 만드는 것이 좋을 겁니다.

01 세계관 디자인하기

로블록스에서는 큰 게임이든 작은 게임이든 만들 때 어떻게 모두 연결이 되는지 생각해야 합니다. 세계관을 만들 때 개발자로서 가장 중요하게 생각해야 할 부분은 플레이어라면 어떻게 접근할 것인가입니다. 어떠한 테마를 가지고 있나요? 중세 왕국인가요, 아니면 외우주의 행성인가요? 무엇이 재미있고 흥미로운가요? 게임을 계속하도록 만드는 요소는 무엇인가요? 이러한 모든 것들을 기억하기는 어려우니 어딘가에 적어두는 것이 좋을 겁니다.

만들고자 하는 세계가 어떤 것인지 종이에 계획을 해보세요. 당신의 게임이 어떠한 세계를 배경으로 할지 생각할 때 이러한 것들을 생각해 보세요.

☆ 어디 행성에 있고 지형은 어떻게 생겼나요?

☆ 어떠한 사람들이 살고 있나요?

☆ 그 사람들은 뭘 하고 사나요?

당신이 정말 많은 시간을 투자해서 좋은 세계관을 만들고 나면, 그 세계관을 기반으로 해서 다양한 종류의 게임을 만들 수 있습니다. 예를 들어서 레이싱 게임이나 오비(점프맵 게임) 아니면 액션 게임을 같은 세계관에 맞출 수가 있습니다.

02 세계 크기

두 가지 방법으로 세계의 크기를 상상할 수 있습니다.

1. 작은 아이디어로 시작해서 크게 만들기
2. 처음부터 크게 만든 다음에 디테일을 원하는 대로 넣기

여기서 좋은 점은 세계를 만드는 데 있어서 맞거나 틀린 방법이 없다는 겁니다. 어쨌든 당신의 세계니까요!

03 리소스 재활용해서 쉽게 만들기

게임 디자이너로서 중요한 것 중 하나는 다음과 같이 편안하고 쉬운 방법을 쓰는 겁니다.

☆ 의미 없이 처음부터 같은 작업을 반복하지 마세요. 가능한 한 복사 붙여넣기를 쓰세요!

☆ 게임을 만들기 전부터 무슨 색을 써야 하는지와 같은 중요하지 않는 것에 시간 낭비하지 마세요.

예를 들어서 당신이 만들고 있는 게임의 도시에 새로운 집 모델을 만드는 데 많은 시간을 썼다면, 다른 집을 만들 때 또 많은 시간을 쓸 필요 없이 이미 만든 집을 가져와서 레이아웃, 색 그리고 재질을 바꿔서 독특하고 새로운 느낌을 주면 됩니다. 챕터 13에서 크게 애쓸 필요 없이 게임을 원하는 대로 개조하는 방법과 추가 팁에 대해서 더 자세히 다룰 겁니다.

상상 속의 세계를 로블록스 월드로 만들기

이제 당신의 훌륭한 아이디어를 컴퓨터로 구현할 시간이네요. 로블록스 스튜디오를 열어서 시작해봅시다.

로블록스 스튜디오를 처음 열면 화면 중앙에 각기 다른 다양한 시작 템플릿을 선택할 수 있는 페이지가 나옵니다. 처음부터 게임을 만들기에는 Baseplate나 Classic Baseplate 아니면 Flat Terrain 템플릿이 좋습니다.

01 게임과 플레이스의 차이

처음 시작을 할 때 게임 템플릿들은 좋은 출발점이지만 알아야 할 것들이 있습니다. 체험을 만들 때, 당신이 오브젝트를 만들고 있는 장소는 플레이스라고 불립니다. 로블록스에 있는 모든 플레이스들은 기술적으론 게임이 아니지만, 모든 게임은 플레이스로 시작합니다. 로블록스 스튜디오에서 새로 만들기 밑에 내 게임을 클릭하면 당신의 이름이 적힌 개인 플레이스가 보일 겁니다. 여기서 나만의 집을 만들거나 도시를 만드는 등, 원하는 대로 만들어서 로블록스를 하는 다른 사람들이 방문할 수 있게 할 수 있습니다.

아무것도 없는 로블록스 스튜디오 평지 지형 ©ROBLOX CORPORATION

이제 무언가 만들어 봅시다. 이 사진을 보시면 Flat Terrain 템플릿이 어떻게 생겼는지 알 수 있습니다. 화면 맨 위를 보시면 다양한 탭들과 옵션들이 보이는데, 현재 맵은 엄청 지루하게 보이니 흥미로운 지형을 만들어봅시다.

지형 편집기 메뉴에 들어가면 만들기, 추가, 삭제와 같은 도구들을 볼 수 있습니다. 로블록스 월드를 만들 때 여기서 가장 많은 시간을 쓰시게 될 겁니다. 한번 당신이 상상한 대로 지형을 바꿔보세요.

02 세계를 채우기

전반적으로 당신의 게임의 테마가 뭔지 다시 떠올려 보세요. 생각을 해두셨다면요. 저는 개인적으로 판타지 왕국을 좋아하니 이를 예시로 들겠습니다. 언덕과 산 그리고 강과 같은 독특한 지형을 만든 다음, 성을 넣어서 작은 왕국을 만들 준비를 했습니다. 홈 메뉴로 가서 도구상자를 누른 다음에 성을 검색해서 제가 찾는 판타지 테마에 어울리는 것을 고르고 물과 가까운 곳에 배치했습니다. 물 근처에 설치하면 성을 지켜줄 다리를 만들 수 있거든요.

로블록스 스튜디오에서 바로 설치한 성 ©ROBLOX CORPORATION

입구에 가고일 석상을 두거나 성 앞 언덕에 영웅의 석상을 놔두는 등 약간 손을 봐주면 풍경이 더 좋아질 겁니다. 이제 로블록스 월드에 혼자 있는 성이 아닌 무언가 더 큰 세계관의 일부가 된 것처럼 보이는데 이것이 바로 세계관 설정의 힘입니다.

작은 디테일에 주의를 기울이세요. 깊은 뒷이야기나 상세한 이야기가 없는 작은 게임이라도 작은 디테일 하나하나가 매우 중요하거든요.

아래의 방법으로 간단하게 작은 디테일들을 추가할 수 있습니다.

☆ 산에 동굴을 파서 모험가들이 찾을 수 있는 보물을 두기

☆ 퀘스트와 NPC를 이 작은 왕국에 넣기(챕터 10에서 다룹니다)

☆ 성 주변에 집들을 지어서 작은 마을을 만들기

이렇게 만들면 당신이 눈치채기도 전에 게임이 활기를 띠기 시작할 겁니다!

> **마치 면서**
>
> 이제 당신만의 세계를 만들기 시작했으니 어떤 것으로 세계를 채울 것인지 생각하는 것이 중요합니다. 다음은 나만의 모델과 도구상자에 있는 물건을 수정하는 방법에 대해 알아보겠습니다.

CHAPTER 06

오브젝트 만들기

상상 속의 세계를 로블록스로 구현하는 것 때문에 머리가 아픈가요? 아프지 않다면 능력자네요! 상상 속에 있는 멋진 아이디어를 로블록스와 같은 디지털 매체로 구현하는 것은 쉽지 않습니다. 많은 상상력과 노력, 그리고 의지로 만든 활력 넘치는 작품만이 플레이어들의 관심을 끌 수가 있죠.

설령 당신의 세계가 흥미롭다고 해도 대화할 사람이나 싸울 적, 아니면 피해야 하는 장애물과 같은 상호작용 요소가 없다면 재미가 없을 겁니다. 여기서부터 로블록스 오브젝트가 중요해집니다. 이 챕터에서는 다음과 같은 것을 배웁니다.

- 도구상자에 이미 있는 모델을 수정하기
- 로블록스의 다양한 오브젝트들의 용도 알아보기
- 어떻게 오브젝트들이 만들어지는지 이해하기
- 나만의 오브젝트를 저장하고 사용하는 법

로블록스 도구상자가 좋은 이유

로블록스 스튜디오에는 많은 버튼과 메뉴가 있지만, 먼저 도구상자를 살펴보면 간단하게 시작해볼 수 있습니다.

로블록스 스튜디오 도구상자에 있는 자동차들 ©ROBLOX CORPORATION

도구상자는 당신의 게임에 마음껏 사용할 수 있는 템플릿들과 이미 만들어진 오브젝트들로 가득합니다. 예를 들자면 아래와 같습니다.

☆ 도심 속을 운전하고 다니는 게임을 만들고 싶나요? 도구상자에서 "car(자동차)"를 검색하고 뭐가 나오는지 보세요.

☆ 오비 게임에 절벽에 앉아 있는 용을 넣어서 멋진 이펙트를 넣고 싶나요? 찾아보세요!

☆ 플레이어들이 탐험할 수 있는 거대한 도시와 많은 마천루를 원한다고요? 도구상자에서 "office building(사무실)"이나 "skyscraper(고층 빌딩)"을 검색해보세요.

도구상자의 가장 좋은 점은 있는 그대로 사용하지 않아도 된다는 점입니다. 게임에 넣고 나면 원하는 대로 색이나 재질 등을 바꿀 수 있으며 로블록스에 게임을 공개할 생각이라면 이러한 수정을 꼭 하는 것이 좋습니다. 도구상자에 있는 것으로만 게임을 채운다면 사람들은 게임을 독특하게 만들기 위한 노력을 하지 않은 것으로 보므로 그다지 좋은 방법이 아닙니다.

다양한 오브젝트의 종류

로블록스에는 다음과 같은 다양한 오브젝트들이 있습니다.

- ☆ 용, 곰, 캥거루 그리고 뱀과 같은 동물
- ☆ 자동차, 트럭, 비행기 그리고 헬리콥터와 같은 이동 수단
- ☆ 벙커, 군인 그리고 탱크와 같은 군대 테마
- ☆ 기사, 성 그리고 마법사 같은 판타지 테마
- ☆ 유령, 좀비 그리고 괴물과 같은 공포 테마
- ☆ 집, 학교 그리고 은행과 같은 도시 꾸밀 때 쓰는 건물
- ☆ 건물 내부를 꾸밀 가구나 TV와 같은 가전제품들
- ☆ 검이나 총, 미사일 발사기 같은 전투를 위한 무기
- ☆ 광대나 피짓 스피너, 그림과 같은 랜덤 오브젝트

오브젝트라는 단어는 로블록스 스튜디오에서 많은 것을 의미하지만 이 챕터에서는 게임에서 블록과 파츠로 만드는 오브젝트에 대해서 이야기할 겁니다.

01 오브젝트는 무엇으로 이루어졌나요?

로블록스에 있는 대부분 모델들은 블록, 원통, 구, 쐐기와 같은 기본 파트들로 이루어졌습니다. 더 발전한 모델들은 메시 파트나 메시로 이루어졌는데, 이런 것들은 블렌더 3D, 유니티 3D, 마야, Paint 3D나 언리얼 엔진과 같은 3D 프로그램으로 만든 것을 불러온 것들입니다.

오브젝트를 만들 때는 도형의 형태, 크기와 각 블록을 알맞은 방법으로 연결하는 식으로 창의성을 발휘하면 됩니다. 집, 자동차 그리고 말들이 전부 로블록스 기본 파트를 사용해서 만들어졌다는 건 꽤 놀라운 사실입니다.

나만의 오브젝트 만들기

당신만의 세계를 로블록스에서 만들 때, 도구상자에서 필요한 모든 것을 찾을 수는 없을 겁니다.

이럴 경우에는 처음부터 당신이 만들어야 하죠.

지금까지 저는 로블록스 스튜디오에 있는 것을 "오브젝트"라고 불렀지만, 도구상 자에서는 "모델"이라고 부르는 것을 눈치를 채셨을 겁니다. 모델은 로블록스의 블록들을 하나로 합쳐서 다른 사람들이 다운로드 가능하도록 올린 것들을 뜻합니다. 즉, 도구상자에 있는 자동차나 집 아니면 군인들은 모델로 분류하면서도 오브젝트인 겁니다. 예를 들어, 블록 하나는 오브젝트이고 블록들을 사용해서 만든 거대한 것도 오브젝트지만 하나로 합치면 모델로 분류됩니다.

집, 도로 그리고 자동차와 마을에서 볼 법한 것들이 있는 일상적인 평범한 마을을 만든다고 생각해보세요. 집 내부에는 가구가 필요하겠죠? 가구나 탁자, 의자 그리고 집에서 볼 법한 것들로요. 모델을 만드는 방법을 배워야 하니 있어도 없다고 칩시다. 도구상자에서 나무 탁자를 찾을 수 없다고 상상해보세요.

01 간단한 식탁 만들기

식탁을 만들 때 보통 저는 다리를 먼저 만듭니다.

① 블록 하나로 시작하기

로블록스 스튜디오 위에 있는 모델 메뉴로 가서 파트 창을 찾고 드롭다운 메뉴에서 블록을 선택하세요. 그러면 커다란 레고 블록 같은 것이 바닥에 생길 겁니다.

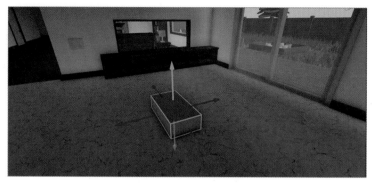
로블록스의 모든 오브젝트의 출발점 ⓒROBLOX CORPORATION

이제 당신이 손봐야 할 것이 많습니다. 저 블록은 크기, 색 그리고 재질도 알맞은 모양이 아닙니다. 전혀 집에서 볼 수 있는 식탁 다리처럼 보이지 않습니다! 먼저 바꾸기 쉬운 재질과 색부터 바꿔봅시다.

② 재질과 색 바꾸기

블록을 클릭한 다음 모델 메뉴 상단에서 파트 칸에 있는 재질에서 나무를 선택하면 블록이 바뀔 겁니다.

그다음에는 색에서 알맞은 어두운 갈색을 찾아서 선택하세요. 이 예시에서는 저는 122,86,54를 선택했는데 이 숫자들은 RGB 색상을 의미합니다. RGB는 빨강, 초록 그리고 파랑을 의미하는데 첫 번째 숫자는 빨간색, 두 번째는 초록색 그리고 세 번째는 파란색의 강도를 의미합니다. RGB 값은 0에서 255까지 있습니다.

다음 단계로 넘어가기 전에 속성에서 "앵커"를 찾아서 체크하세요. 그렇지 않으면 게임을 시작했을 때 그냥 무너질 겁니다.

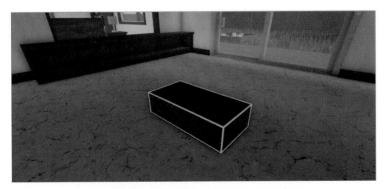

기본적인 것은 끝났으니 이제 이 블록을 탁자 다리처럼 바꿔봅시다.

③ 높이 바꾸기

모델 메뉴로 가서 도구를 찾으세요. 스케일을 선택하고 블록을 클릭하면 떠다니는 초록색 파란색 그리고 빨간색 원이 보일 겁니다.

각 원은 드래그해서 외형을 바꿀 수 있는 방향을 의미합니다. 먼저 블록 위에 있는 초록색 원을 위로 당겨서 한 사이즈 크게 만드세요. 이제 평범한 식탁 높이가 됐을 겁니다.

④ 너비 바꾸기

이제 빨간색 원을 클릭하고 다른 빨간색 원 방향으로 당기면 블록이 식탁 다리처럼 얇게 변할 겁니다. 그다음에는 파란 원을 똑같이 당기세요. 이렇게 하면 비교적 길지만 약간 두꺼운 직사각형 블록이 만들어집니다. 하지만 대부분의 식탁 다리는 이 것보다 더 얇으니 한 번 더 만져봅시다.

블록을 클릭한 다음에 화면 오른쪽을 보면 두 개의 패널이 보이는데, 밑에 있는 패널은 속성 창이라고 돼 있습니다. 여기서 굵게 Part라고 적혀진 글자가 보일 때까지 밑으로 내리세요.

Part 왼쪽 화살표가 아래로 향하도록 해서 하위속성이 펼쳐지면 X, Y, Z와 같은 게 적혀있는 리스트가 나옵니다. 수학 시간에 그래프를 배워보셨다면 이해하기 쉬울 겁니다. 숫자를 그래프의 축이라고 생각하고 선택한 블록을 그래프라고 생각해보세요.

X값은 빨간 공 사이의 거리를, Y값은 초록 공 사이의 거리를 그리고 Z값은 파란 공 사이의 거리를 조절합니다. Y의 높이는 괜찮으니(값이 2여야 합니다) 수정할 필요는 없습니다. 내버려 두세요. 하지만 X와 Z값은 수정할 필요가 있어 보입니다. X값을 클릭하고 0.5를 입력한 다음 엔터를 누르고 Z도 똑같이 하면 식탁 다리처럼 블록이 바뀔 겁니다.

로블록스 스튜디오에서 만든 얇은 식탁 다리 ⓒROBLOX CORPORATION

⑤ 다리 세 번 복사하기

식탁 다리 3개가 필요하긴 하지만 이미 다리 하나를 만드는 데 꽤 많은 시간을 썼으니 같은 작업을 반복하지 말고 다리를 복사, 붙여넣기 해봅시다. 식탁 다리를 선택하고 Ctrl+D를 세 번 누르세요. 복사, 붙여넣기를 해도 되지만 로블록스에서 간편하게 복사할 수 있도록 핫키를 넣어놨습니다. 이제 복사한 다리를 클릭해서 적당한 위치에 놓습니다. 식탁 윗면을 위에 놓을 수 있도록 적당한 거리를 두어야 해요.

식탁 윗면을 올릴 준비가 된 식탁 다리 4개 ©ROBLOX CORPORATION

⑥ 식탁 윗면 올리기

거의 다 왔습니다! 이제 식탁 윗면만 올리면 끝이네요.

다리를 하나 더 복사하는데, 이번에는 지금 있는 다리 위에 올리세요. 어느 다리 위에 올리는지는 중요하지 않지만 저는 왼쪽 아래 식탁 다리를 쓰겠습니다.

이제 식탁처럼 만들기 위해서 이 블록의 Y값을 0.5로 바꾸세요. 다리에 맞춰서 제대로 맞추고 싶으시다면 위치를 바꾸셔도 됩니다. 모델 탭에 있는 그리드에 맞추기에서 이동을 끄면 자유롭게 원하는 대로 블록을 움직일 수 있게 됩니다.

위치를 맞추셨다면 이제 파란색과 빨간색 원을 움직여서 탁상이 다른 다리와 만나도록 만들어주세요. 이제 현대적인 집에 어울리는 식탁을 완성했습니다!

⑦ 디테일 더하기

이제 도구상자에서 화분을 가져와서 식탁 위에 올리세요.

로블록스 스튜디오에서 완성된 식탁 ©ROBLOX CORPORATION

다른 것들처럼 로블록스에서 좋은 오브젝트를 만드는 데에는 많은 시간과 노력이
필요합니다! 더 노력할수록 더욱더 간단하고 빠르게 만들 수 있게 될 겁니다.

로블록스에 모델을 올리는 3단계

식탁을 다 만들었습니다! 아주 완벽하지만, 이 식탁은 당신이 만들고 있는 이 게임
에만 있군요. 이 식탁 또는 당신이 만든 다른 모델을 써야 할 때마다 다시 만들고
싶지 않으실 겁니다. 그렇죠? 그러므로 모델을 저장하고 로블록스 사이트에 올려놓
는 것이 편합니다.

01 1단계: 모두 그룹 하기

먼저 완성한 모든 오브젝트의 파트를 선택해야 합니다. 식탁 다리와 탁상, 꽃병과
같은 각각의 파트들을 선택해주세요. 전부 선택했다면 홈으로 가서 편집에 있는 모
델로 그룹화를 누르면 모든 블록이 서로 연결될 겁니다. 아니면 간단하게 Ctrl+G를
눌러도 됩니다. 이제 오브젝트를 움직이거나 다시 사용할 때 그룹 상태 그대로 보
일 겁니다.

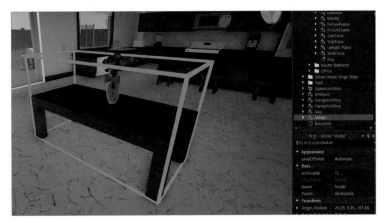

로블록스 스튜디오에서 선택된 식탁 ©ROBLOX CORPORATION

02 2단계: 이름짓기

그룹화를 한 다음에 식탁을 로블록스에 올리기 위해서는 먼저 탁자를 클릭해주세요. 그다음 화면 오른쪽에 있는 탐색기에서 Model이라고 적혀있는 아이콘을 찾으세요. 파란색으로 강조됐을 겁니다. 파란색 강조를 누른 후 원하는 대로 이름을 바꾸세요. 저는 있는 그대로 "화분이 올라간 식탁"이라고 이름을 지었습니다.

03 3단계: 저장하기!

이제 새로운 이름을 오른쪽 클릭한 다음 Roblox에 저장을 누르세요. 이렇게 저장하면 식탁을 로블록스에 영원히 저장할 수 있습니다! 만약 공개적으로 올리고 싶지 않다면 파일에 저장을 눌러주세요.

설명한 대로 하셨다면 이름, 설명 그리고 어떤 장르인지 정보를 적을 수 있는 Asset Configuration 창이 나옵니다. 보다시피 저는 도시를 만들 때 쓸 거라서 TownAndCity를 선택했습니다.

정보를 적은 다음에 제출을 누르면 만든 식탁은 로블록스에 저장이 되고 당신이나 친구, 아니면 전혀 모르는 사람도 찾아서 사용할 수 있게 됩니다. 만약 아무도 사용하게 만들고 싶지 않다면 크리에이터를 나로 설정하고 마켓플레이스에 배포를 꺼두세요.

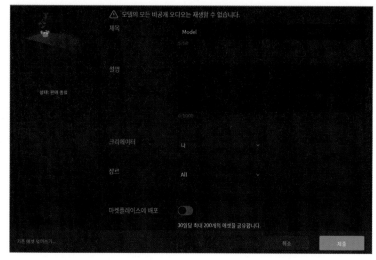

로블록스 스튜디오에서 모델을 저장할 때 나오는 창 ⒸROBLOX CORPORATION

오브젝트를 더 만들어서 연습하기

위의 기본적인 방법을 이용하면 원하는 모든 것을 만들 수 있습니다. 그리고 다음 것들도 가능합니다.

⭐ 오브젝트의 파트 이동

⭐ 오브젝트의 크기 수정

⭐ 오브젝트의 재질과 색상 변경

⭐ 오브젝트 파트 합치기

다음부터 오브젝트를 만들 때는 블록 대신 공이나 쐐기 아니면 원통을 사용해서 만들어보세요. 잘 만든 모델은 당신이 만드는 게임을 더욱더 특별하게 만드니 꼭 연습하세요!

01 ▶ 의자 만드는 법

더 연습하기 위해서 식탁에 어울리는 의자를 만들어봅시다.

① 시작할 파트 선택하기

이미 우리에게 필요한 재질과 선택이 있으니. 그걸 사용합시다. 식탁을 선택한 다음 홈 메뉴의 편집에 가서 그룹화 해제를 누르세요. 이제 식탁의 파트들은 그룹이 해제되어 각각의 파트를 선택하실 수 있게 됩니다. 식탁 다리 중 하나를 선택하고 복제하세요. 그다음 의자를 둘 곳으로 옮기세요. 이후에 식탁을 다시 그룹화하는 것을 잊어버리지 마세요.

② 크기 바꾸기

방금 만든 의자 다리를 선택하고 로블록스 스튜디오 창 오른쪽에 있는 속성의 Part 패널에서 Size를 다시 찾아보세요. X와 Z값을 지금보다 낮게 수정하세요. 0.25 정도면 의자 다리만큼 얇을 겁니다. 그다음에 식탁 밑에 들어갈 수 있도록 Y값을 1로 바꿉니다.

방금 만든 다리를 복사 붙여넣기로 식탁과 어울리는 의자에 맞도록 정사각형 구조로 만들어주세요.

③ 좌석 만들기

그다음으로 식탁 윗면을 선택한 다음에 의자 다리 위에 올리고 X, Y 그리고 Z값을 알맞은 크기가 나올 때까지 수정해주세요. 그다음 좌석을 4개의 의자 다리에 완벽하게 맞추고 올리시면 됩니다.

④ 등받이 만들기

이제 마무리로 등받이를 만듭시다. 의자의 좌석을 복사한 다음. 크기를 조절하고 다리가 아니라 의자 등받이가 되도록 위치를 바꿔주세요. 여담으로 좌석 위에 다른 얇은 블록을 올리고 천 재질, 어두운 파란색으로 바꾸면, 짠! 방석이 만들어집니다! 완성된 의자는 원하는 대로 복사해서 넣을 수 있습니다. 저는 6개의 의자를 만들어서 식탁에 배치했습니다.

집에서 쓰는 식탁과 의자 ⓒROBLOX CORPORATION

이제 로블록스에서 어떻게 모델을 만드는지 배웠습니다. 몇 시간, 며칠 아니면 몇 주 동안 멋진 것들을 만들어서 당신이나 다른 사람이 사용할 수 있도록 올릴 수 있습니다.

CHAPTER 07

고급 건축 기술

이제 게임을 위해서 세계를 만드는 방법과 오브젝트를 만드는 법을 배웠으니 로블록스에서 게임을 만드는 고급 기술을 배울 차례입니다. 여기서 배울 것은 당신이 만든 간단한 게임을 좀 더 재미있게 바꿔줄 수 있습니다.
이 챕터에서는 다음과 같은 것을 배웁니다.

- 직접 만든 하늘 섬이나 자동차 같은 흥미로운 오브젝트로 가득한 로블록스
  월드 만들기
- 처음에 만든 게임 콘셉트에서 더 나아가기 (챕터 4 참조)
- 지금까지 배운 것들로 완전히 새로운 두 번째 게임 만들기

고급 건축 기술 이해하기

지금까지 이 책에서 배운 것을 게임 캐릭터가 퀘스트를 깬 거라고 생각해보세요. 이제 당신은 충분히 강해졌고 충분한 기술을 배워서 멋진 모험을 떠날 준비가 됐습니다.

당신은 로블록스로 오브젝트를 만들면서 디지털 레고 시뮬레이션처럼 사용할 수도 있지만, 로블록스가 가진 수많은 재미있는 기능을 놓치는 셈입니다. 이제 플랫폼을 활용해서 더 멋진 것을 만들 차례입니다!

 ## 세계, 처음부터 만들기

이전 챕터들에서는 로블록스 스튜디오에서 지원하는 템플릿을 가지고 작업을 했지만, 로블록스를 많이 해본 사람들은 저희가 사용한 템플릿이 무엇인지 바로 눈치를 챌 거고 저희는 그런 결과를 보고 싶지 않습니다. 당신의 게임이 당신만의 특별한 것이 되길 원하지요. 이번에는 완전히 새로운 걸 처음부터 만들어 봅시다.

이번 예시에서만큼은 다른 곳에서는 찾을 수 없는 진짜 멋지고 다른 것을 생각해봅시다. 용암으로 가득 찬 호수 위에 둥둥 떠다니는 섬 같은 세계처럼요. 한번 생각해보세요.

01 용암 호수 만들기

처음부터 만들기로 했으니 로블록스 스튜디오 게임 템플릿에서 Flat Terrain을 선택하세요. 이 템플릿은 자유롭게 작업이 가능한 넓은 평지를 가지고 있습니다.

지형 편집기에서 만들기 아래에 있는 생성을 누르면 선택할 수 있는 다양한 옵션이 있는 메뉴가 나올 겁니다. 당신이 원하는 지형(산이나 언덕, 협곡과 같은)을 선택하세요. 그다음 생성을 누르면 됩니다.

이제 시작할 세계를 만들었으니 아이디어에 맞춰서 수정할 차례입니다. 땅 전체를 용암으로 채워도 되지만 그렇게 하면 좀 이상하게 보이겠죠. 그러니 땅 중앙에 큰 호수가 들어갈 만한 공간을 파고, 물 대신 용암으로 채우시면 됩니다!

무시무시한 용암 호수! ©ROBLOX CORPORATION

용암 호수를 만들기 위해서 편집에서 추가를 눌러야 한다고 생각할 수 있지만, 이번에는 그 방법을 사용하고 싶지 않으실 겁니다. 추가에서 갈라진 용암을 선택하고 용암 덩어리를 만들면 진짜 이상하게 보이거든요. 추가 도구는 산이나 언덕을 만드는 데는 좋지만, 용암 호수와 같이 평평해야 하는 지형을 만드는 데에는 추천하지 않습니다.

이럴 때는 칠하기 기능을 사용해야 합니다. 덩어리 지형을 만드는 대신에 칠하기 도구는 이미 있는 평평한 지면과 같은 지형을 재질을 바꿔서 용암이 있는 것처럼 바꿔줍니다. 현실에서 무언가를 색칠하는 것처럼요.

원하는 만큼 용암 호수를 크게 만드세요(위 예제처럼 말이죠). 그리고 주변을 원하는 지형적 특징으로 꾸미세요. 용암을 산 한 가운데 크레이터처럼 만드는 것도 좋은 생각입니다. 어떤 부분을 평평하게 만들어야 있다면 평탄화 도구를 쓰고, 동굴이나 협곡이 있다면 빈 지형을 추가 도구로 채우고 평탄화 도구로 호수의 높이에 맞추면 됩니다. 최선을 다해서 용암 호수를 최대한 평평하게 만드세요.

02 하늘 섬 만들기

이제 용암 호수를 만들었으니 하늘에 떠 있는 멋진 섬을 만들 차례입니다. 대부분의 로블록스 플레이어들이 한 번도 보지 못했을 지형이죠.

다행히도 로블록스 스튜디오에서 이러한 지형을 만드는 것은 그다지 어렵지 않습니다! 로블록스에서 하늘 섬을 만들 수 있는 방법은 3가지가 있습니다.

> 1. 평지에서 위로 높게 뻗은 거대한 산을 만들고, 밑동을 잘라서 떠 있게 만들기
> 2. 섬이 용암 위에 떠오를 때까지 맵 한쪽에서 끌고 오기
> 3. 생성 도구를 사용해서 원하는 위치에 섬을 만들기

불행히도 "떠다니는 섬 만들기" 기능은 없습니다. 사람들이 이런 지형을 그리 많이 만들지는 않거든요!

① 산을 위로 올리기

땅에서 산을 만들어서 위로 올리는 방법은 간단합니다.

☆ 편집에서 추가 기능을 선택하기

☆ 지형 재질 선택하기

☆ 땅에 마우스 왼쪽 클릭하기

☆ 지형이 하늘에 닿을 때까지 위로 끌어올리기

이제부터 섬으로 보일 때까지(아직 땅하고 연결돼 있지만) 양옆으로 지형을 추가해 주세요. 그다음에 편집으로 돌아가서 삭제 도구를 선택하고 지상과 섬을 연결하는 부분을 없애면 됩니다. 삭제 도구로 완전히 없애는 건 어려우니 다듬기 도구를 추가로 사용해서 뾰족하게 튀어나온 부분을 다듬는 것을 추천합니다. 자연스럽고 부드럽게 만들어야 플레이어들이 게임을 막 만들었다고 생각하지 않을 것이므로 매우 중요한 작업이라고 할 수 있습니다!

하늘 섬을 만드는 모습 ©ROBLOX CORPORATION

② 지형 블록 추가하기

두 번째 방법은 편집에 있는 추가 도구를 사용해서 호수 옆에 있는 산을 시작점으로 사용하는 겁니다.

이 방법으로 하면 간단하게 옆에 있는 연결점을 없애는 것으로 떠다니는 섬이 완성됩니다! 가장자리를 다듬으면 더 깔끔해 보일 겁니다.

하늘 섬을 만드는 다른 방법 ©ROBLOX CORPORATION

③ 섬 만들기

섬을 만드는 마지막 방법은 가장 어렵습니다. 먼저 만들기에 가서 생성을 누르세요. 크기를 X:10 Y:4 Z:10으로 설정하고 X와 Z 좌표를 호수 위나 원하는 위치가 맞을 때까지 수정하세요. Z값을 수정해서 하늘 위로 올리면 됩니다. 원하는 위치에 맞추고 생성을 누르면 작은 땅이 나타날 겁니다. 이제 만들어진 섬을 수정하면 됩니다.

생성으로 만든 하늘 섬 ©ROBLOX CORPORATION

④ 완성품

어떤 방법을 사용하셨든 간에 결과물은 용암 호수 위에 떠다니는 섬이 나와야 합니다. 섬이 떠다니도록 연결부위를 없애는 것을 잊지 마세요.

용암 호수 위에 떠다니는 하늘 섬을 완성했습니다! ©ROBLOX CORPORATION

03 세계를 확장하기

이제 무시무시한 호수 위에 떠다니는 멋진 섬을 만들었습니다. 이 게임이 가지고 있는 발전 가능성이 너무 크네요! 만약 이 아이디어를 계속해서 발전시키고 싶다면 다음 방법을 한번 따라 해보세요.

① 더 많은 섬 만들기

굳이 이 세계에 하늘 섬이 하나만 있어야 할까요? 다양한 섬을 많이 만들 수도 있습니다!

② 사이에 오비 만들기

여러 개의 섬이 있는 건 좋지만 플레이어들이 다른 섬으로 이동할 수 있는 방법이 필요하겠죠? 가장 재미있는 방법은 챕터 4에서 만든 첫 번째 게임처럼 짧은 오비 코스를 만드는 겁니다!

③ 섬마다 설정 만들기

섬마다 특별한 이야기를 들려줄 캐릭터를 넣어서 생기 넘치게 만들어보세요. 한 섬에서 다른 섬으로 넘어가기 전에 짧은 퀘스트를 깨도록 하는 것도 좋은 방법입니다.

④ 용암이 플레이어를 다치게 할 수 있다는 걸 잊지 않기

호수가 용암으로 가득 찼다고 해서 로블록스 스튜디오가 플레이어를 다치도록 기본 설정해두지는 않습니다. 하지만 게임의 스릴을 위해서 플레이어가 섬에서 떨어진다면 용암이 플레이어를 다치게 만들고 싶을 겁니다. 이 부분에 대해서는 스크립트에 대해서 다루는 다음 챕터에서 설명하도록 하겠습니다.

고급 모델 만들기

이제 좀 더 복잡한 것을 만들 준비가 되셨을 겁니다. 물론 간단한 식탁이나 의자도 좋고 멋진 공중섬을 만드는 것도 좋습니다. 하지만 이 모든 것은 시작에 불과합니다. 이제 조금 더 복잡한 것을 배워봅시다. 로블록스 스튜디오에서 완벽히 작동하는 자동차를 만들어 보는 건 어떤가요? 자동차는 바퀴가 돌 수 있도록 차축을 더하고, 플레이어가 운전하도록 의자를 넣어야 하기에 조금 더 복잡하지만 배우고 나면 두 번째 게임으로 레이싱 게임을 만들 수 있습니다. 짧은 점프맵에서 큰 발전이죠!

01 나만의 자동차 만들기

자동차를 만들기 위해서는 가장 기본적인 자동차부터 시작해야 합니다. 레고로 만든 자동차로 보이겠지만 괜찮습니다! 처음 만드는 것이니 어떻게 만드는지 기초를 배우는 순서입니다. 나중에 멋있게 만들면 됩니다.

① 블록부터 시작하기

먼저 템플릿을 선택하세요. 이번에는 Racing 템플릿을 선택했습니다. 모델 탭에서 파트를 선택하면 맵 표면 위에 기본 블록이 나올 겁니다. 저는 화면을 다리 위로 설정해서 블록이 다리 위에 나타나도록 했습니다.

② 크게 만들기

블록이 생겼으면 스케일 도구를 선택하고 파란색과 빨간색 원을 이용해서 블록의 길이와 폭을 늘린 다음, 초록색 원을 당겨서 조금 더 앞으로 길게 만들어주세요.

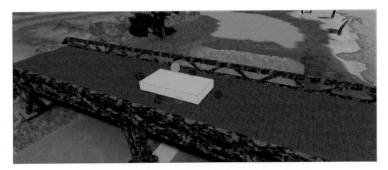

나중에 못생긴 자동차로 변할 겁니다 ⓒROBLOX CORPORATION

③ 바퀴 만들기

이제 자동차 몸통을 만들었으니 바퀴를 만들 차례입니다! 파트에는 바퀴가 없으니 상상력을 발휘할 시간입니다. 생각을 해보면 바퀴는 그냥 얇은 원통이 아닌가요? 원통을 가져와서 반으로 자른다면 바퀴 모양이 될 겁니다.

그러니 원통을 파트 메뉴에서 가져온 다음, 스케일 도구로 빨간색 원을 안으로 당겨서 얇게, 초록색 원을 밖으로 당겨서 길게 만드세요. 원하는 모양의 바퀴가 나올 때까지 두 가지를 조절해보세요. 자동차가 땅에서 평평하게 다닐 수 있도록 해줄 큰 바퀴가 필요할 겁니다. 원하는 바퀴가 나왔다면 3번 복사하세요. 총 4개의 바퀴가 필요하고 각각의 바퀴에 적당한 이름을 주어야 합니다. 만약 바퀴에 알맞은 이름을 주지 않으면 나중에 자동차가 움직이지 않을 겁니다. 지금은 모든 바퀴의 이름이 "Part"라고 돼 있습니다. 오른쪽 탐색기에서 각각의 바퀴를 선택한 다음 위치에 맞는 이름으로 변경해주세요. F는 Front(앞), B는 Back(뒤), L은 Left(왼쪽), R은 Right(오른쪽)로 할 겁니다. 이제 FRWheel, FLWheel, BRWheel, BLWheel이 있습니다. 바꿔 말하자면, 이렇게 보여야 합니다.

차체와 바퀴를 그룹으로 묶어야 하지만, 이건 나중에 하겠습니다.

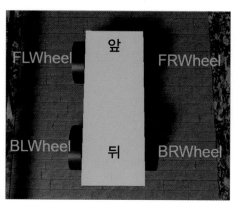

자동차 바퀴 이름 짓기 ©ROBLOX CORPORATION

④ 차체에 바퀴 붙이기

바퀴를 만들었다면 이제 차체에 붙어야 합니다! 로블록스는 모든 것을 간단하게 도와줄 수 있습니다.

먼저 차체와 바퀴 사이에 약간의 공간을 만들어야 합니다. 이걸 위해서는 바퀴를 약 5칸 정도 떨어뜨려서 작업이 가능한 공간을 만들어주세요. 그다음에 모델 탭에서 제약에 간 후, 만들기에서 힌지를 선택하세요. 그리고 차체에 맞출 바퀴면 가운데를 클릭하고 차체의 바퀴가 들어갈 자리도 이어서 클릭하세요. 이제 원통에 작은 힌지가 생겼습니다. 이제 게임을 시작할 때 자동차 바퀴는 힌지에 맞춰서 움직이니 모든 힌지가 타이어 가운데에 있도록 맞춰주고 차체로부터 힌지가 0.25칸 떨어지도록 해주세요. 만약 바퀴와 차체가 서로 딱 붙으면 바퀴가 돌아가지 않을 겁니다.

힌지를 연결한 바퀴 4개 ⓒROBLOX CORPORATION

⑤ 힌지에서 모터로

이제 모든 바퀴가 연결됐으니 힌지가 어떻게 움직이는지 바꿀 차례입니다. 이 과
정은 일일이 해도 되고, 한꺼번에 바꿀 수도 있습니다. 탐색기 창에서 모든 Hinge-
Constraints를 Ctrl 키를 누른 상태로 전부 클릭하세요. 이 상태로 속성으로 가서
ActuatorType을 찾고, 드롭다운 세팅에서 Motor로 바꿔주면 새로운 속성 창이 나
옵니다. MotorMaxTorque를 찾아서 값을 5000으로 바꿔주시면 됩니다. 간단하게
말하자면, 당신이 로블록스에게 이 힌지들이 모터 역할을 하도록 해서 자동차를 밀
라고 명령을 한 겁니다.

⑥ 좌석 추가하기

이제 사진에 나온 검은 블록처럼 플레이어가 앉을 좌석을 넣어야 합니다. 다시 말
하지만, 로블록스는 이 과정을 매우 쉽게 해줍니다. 차체에서 의자를 놓고 싶은 위
치에 오른쪽 마우스 클릭하고 개체 삽입을 클릭하면 삽입할 수 있는 모든 개체가
나옵니다. 맨 위에 있는 검색창에 "seat"을 검색하면 Seat와 VehicleSeat, 두 가지
옵션이 나오는데, VehicleSeat을 눌러주세요. 원하는 위치에 배치하되 표면 결합을

켜서 좌석과 차체가 연결되도록 해주세요.

만약 아직 자동차 부품들을 그룹을 안 하셨다면 이제 하시면 됩니다. 쉬프트 버튼을 누른 상태에서 모든 자동차 부품을 클릭하세요. 전부 클릭이 됐다면 Ctrl+G를 눌러서 모델로 만들고 모델 이름을 "자동차" 등으로 바꾸면 됩니다.

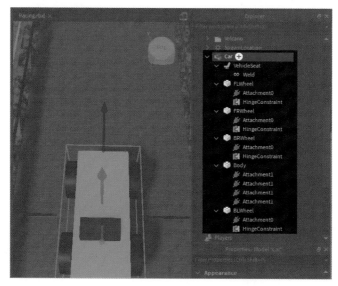

자동차 모델 그룹 하기 ©ROBLOX CORPORATION

⑦ 스크립트

지금 당장 게임을 돌리고 싶겠지만 이 자동차는 아직 아무것도 못 합니다. 고장이 난 게 아니라 아직 마법을 안 부렸기 때문이지요. 그리고 제가 말하는 마법은 바로 스크립트입니다. 이제 차량의 좌석에 앉아있을 때 WASD를 누르면 몇 가지 속성이 바뀐다는 것을 이미 눈치를 챘을 겁니다. W와 S는 Throttle 속성을 0에서 1 아니면 -1로 바꿉니다. A와 D를 누를 때도 Steer 속성에서 같은 마법이 일어납니다.

아직 저희는 스크립트를 배우지 않았기 때문에 지금은 자동차를 완성하는 두 가지 방법을 알려줄 겁니다. 도구상자에서 CodePrime8이 만든 "The Ultimate Roblox Book-Very Simple Car Script"를 찾고 좌석에 스크립트를 넣으면 끝납니다.

아까 말한 대로 바퀴 이름을 설정해 뒀다면 이제 자동차는 앞뒤로 제대로 굴러가니 레이싱 게임 만드는 5단계로 넘어가도 됩니다.

만약 이 스크립트를 직접 만들고 싶다면 계속 읽으세요. VehicleSeat 옆에 있는 작은 + 버튼을 누르고 Script를 찾아서 넣으세요. 그다음에 바로 새로운 화면이 나옵니다. 다른 속성이 아닌 스크립트를 클릭하도록 조심하세요.

자동차 좌석에 스크립트 추가하기 ©ROBLOX CORPORATION

("Hello World!")를 스크립트에서 지우고 아래에 있는 코딩을 스크립트 화면에 적으세요.

```
local seat = script.Parent
local CAR = script.Parent.Parent
local FLW = CAR.FLWheel
local FRW = CAR.FRWheel
local BLW = CAR.BLWheel
local BRW = CAR.BRWheel

function setSpeed(speed)
    FLW.HingeConstraint.AngularVelocity = speed
    FRW.HingeConstraint.AngularVelocity = -speed
    BLW.HingeConstraint.AngularVelocity = speed
    BRW.HingeConstraint.AngularVelocity = -speed
end

local function onChanged(property)
    if property == "Throttle" then
        setSpeed(seat.MaxSpeed * seat.Throttle)
    end
end

seat.Changed:connect(onChanged)
```

간단한 자동차 스크립트 짜기 ©ROBLOX STUDIO

스크립트를 전부 작성했다면 이제 게임을 테스트해 봅시다. 자동차가 앞뒤로 움직여야 정상입니다. 산을 오르거나 경사에서 스턴트를 하거나 다른 오브젝트로 돌진할 수도 있을 겁니다. 만약 무슨 이유에서인지 에러가 떠도 걱정하지 마세요. 아직 스크립트를 배우지 않았으니까요. 원래 자동차를 만드는 건 간단하고 스크립트가 필요하지 않았습니다. 자동차를 제대로 만들었는지 두 번 확인하고 바퀴가 "연결이 안 됐는지" 다시 확인해보고 위의 단계를 따라서 다시 해보세요. 무조건 작동할 겁니다. 저는 제 차를 용암 안으로 빠트렸습니다.

바퀴 테스트하기 ⓒROBLOX CORPORATION

자동차 조작하기

자동차를 조작하는 것은 쉽습니다. 플레이테스트를 할 때 W를 누르면 앞으로 갑니다. 지금 당장은 앞뒤로만 갈 수 있고, 옆으로 도는 것은 약간 더 수정해야 합니다.

플레이어가 자동차 좌석에 앉는 방법은 자동차로 걸어가서 만지는 겁니다. 그러면 캐릭터가 자동으로 좌석에 앉게 됩니다!

레이싱 게임 만드는 5단계

이제 로블록스에서 월드나 자동차를 만드는 고급 기술을 만들었으니 두 번째 게임에 적용할 시간입니다! 저희가 챕터 4에서 만든 게임은 매우 간단한 오비였습니다. 플레이어가 해야 할 것은 간단하게 달리고 점프하고 장애물을 피하는 것뿐이었죠.

두 번째로 만들 게임에서는 많은 사람이 다 같이 할 수 있는 게임을 만들 겁니다: 레이싱 게임을요!

01 1단계: 설정 정하기

만들기 전에 어떤 종류의 레이싱 게임을 만들고 싶은지 생각해 보세요.

☆ 도시의 평범한 도로를 사용하는 현실적인 레이싱 게임을 만들고 싶나요?

☆ 바다 혹은 하늘을 떠다니는 트랙을 사용하는 레이싱 게임을 만들고 싶나요?

☆ 원한다면 달이나 무지개 위를 달리도록 만들 수도 있습니다.

어떤 설정을 할 것인지 정해두면 다른 것을 어떻게 설정할지 결정할 때 큰 도움이 될 겁니다. 저는 간단하게 예시를 들기 위해서 평범한 도로를 배경하는 레이싱 게임을 어떻게 만드는지 보여줄 겁니다.

02 2단계: 어떻게 게임을 만들지 정하기

당신의 첫 번째 레이싱 게임을 만드는 두 가지 방법이 있습니다.

1. Racing 템플릿 사용하기: 이제 막 게임을 만드는 방법을 배우기 시작했다면 탁월한 선택입니다. 이 템플릿은 당신이 필요한 모든 것들이 준비되어 있거든요. 템플릿에 있는 모델들, 트랙 레이아웃 그리고 스크립트를 보면서 많은 것을 배울 수도 있습니다. 이 책을 읽고 있는 것을 보면 초심자일 테니, 이 방법을 추천합니다.

2. 처음부터 만들기: 이 방법은 더 어렵고 오래 걸리는 방법이지만 더 많은 것을 배울 수 있고 직접 만드는 재미도 있습니다. 먼저 템플릿으로 어떻게 레이싱 게임을 만드는지 이해한 다음 처음부터 만드는 걸 추천합니다. 그렇지만 이번 튜토리얼에서는 템플릿을 활용해서 만드는 방법을 다룰 겁니다.

좋은 자동차경주 게임에 뭐가 필요할까요? 간단합니다. 자동차와 트랙만 있으면 됩니다. 플레이어들이 어디서 어디로 가야 할지는 알아야 하니 이 정도만 있어도 충분합니다. 플레이어들 스스로 규칙을 만들어서 경쟁을 할 수 있습니다.

03 3단계: 레이싱 템플릿 가져오기

로블록스 스튜디오에서 제공하는 Racing 템플릿으로 시작하겠습니다. 템플릿을 열면 다양한 도로 지형과 다리, 터널, 심지어 강과 호수까지 이미 완성된 경주 트랙이 보일 겁니다. 이건 로블록스에서 레이싱 게임을 어떻게 만들어야 하는지 배울 수 있는 좋은 시작점입니다.

각 경주를 위한 차들은 플레이어가 스폰하는 지점 옆에 있는 출발선 옆에 있습니다. 이렇게 만들면 플레이어가 게임에 들어왔을 때 원하는 차량을 선택할 수 있을 겁니다.

04 4단계: 레이싱 템플릿 수정하기

전에 했던 것처럼 로블록스 템플릿을 수정해서 당신만의 게임으로 바꾸세요. 다른 지형을 넣고 색을 바꾸고 디테일을 넣으세요.

로블록스 스튜디오에서 도로를 선택하고 복사해서 새로운 도로를 만들어 트랙의 방향을 바꿀 수도 있습니다. 지형 편집기의 칠하기 기능으로 도로를 잔디나 아니면 흙으로 바꿔서 트랙을 새로운 방향으로 가도록 비틀 수도 있습니다.

템플릿이 어떻게 만들어졌는지 한번 살펴보고 원하는 대로 게임을 수정해보세요.

05 5단계: 게임을 공평하게 만들기

레이싱 게임에서 가장 중요하게 여겨야 할 것은 조심하지 않으면 플레이어들은 쉽게 치트를 쓸 수 있다는 겁니다. 예를 들어서 플레이어가 트랙을 벗어나서 다음 체크포인트를 향해 지름길을 타는 것을 막지 않으면 당신이 만든 트랙은 쓸모가 없어집니다. 이것은 트랙에 장벽이나 장애물을 넣어서 막을 수 있는데, 이 템플릿에는 아직 없습니다. 아니면 트랙을 공중에 띄우거나 바다 한가운데에 넣어서 플레이어가 정해진 길에서 벗어났을 때 경주에서 뒤처지도록 만들 수도 있습니다.

이쯤 됐으면 어떻게 로블록스와 스튜디오를 다뤄야 하는지 감을 잡았을 겁니다! 간단한 레이싱 게임을 만들었고 세계를 만들었으며 나만의 모델과 오브젝트를 로블록스 스튜디오에서 만들었습니다. 이제 스크립트에 대해서 배워볼 시간이 왔습니다. 게임에서 무언가 일어나도록 하는 것을 말이죠.

CHAPTER 08

스크립팅의 기초

스크립트는 로블록스에서 무언가 일어나도록 프로그래밍하는 방법입니다. 만약 월드와 오브젝트를 만드는 게 레고 같다면 스크립트는 레고를 움직이고 무언가 특정한 행동을 하게 만듭니다. 마치 작은 뇌가 특정한 행동을 하도록 설정한 것처럼 말이지요. 이번 챕터에서는 다음과 같은 것을 배울 겁니다.

- 스크립트가 무엇인지
- 로블록스 스크립트 vs 컴퓨터 프로그래밍
- 게임에서 쓸 수 있는 간단한 스크립트

그래서 스크립트가 뭔가요?

로블록스에서 블록과 파트들로 만드는 것을 레고라고 생각하면, 스크립트는 레고 블록들을 화면에서 "살아 있는" 것처럼 움직이게 하는 숨겨진 명령어라고 생각하면 됩니다. 간단하게 말해서 토이 스토리에서 앤디가 방을 나갔을 때 모든 장난감이 살아나는 것이라고 생각하면 됩니다. 하지만 스크립트는 "장난감"한테 무엇을 할지 알려줘야 합니다!

만약 이 설명이 이해가 안 돼도 걱정하지 마세요. 어떻게 작동되는지 보고 직접 만져본다면 결국 이해하게 될 겁니다. 지금은 로블록스의 스크립트는 명령이라고 생각하세요.

로블록스 스튜디오의 스크립트의 모습 ©ROBLOX CORPORATION

예를 들어봅시다. 도시에서 운전하고 다닐 수 있는 게임을 만든다고 하면 사람들은 인도를 걸어 다니게 하는 스크립트가 필요할 겁니다. 스크립트는 사람들이 어디로 어떻게 걸어야 할지 명령합니다. 스크립트들은 로블록스에서 화면에 글자를 띄우는 것과 같은 간단한 작업을 할 때도 사용됩니다.

스크립팅이 어떻게 기본적인 컴퓨터 프로그래밍 언어인가요?

게임을 만들고 싶다면 몇 가지 길이 있습니다. 프로그래머, 디자이너, 아티스트, 작가, 프로듀서와 같은 관련 직종이 게임 업계에 존재하며 각각 전부 다른 일을 합니다.

☆ 작가는 이야기를 만듭니다.

☆ 아티스트는 그림을 그립니다.

☆ 프로그래머는 화면에 나오는 것을 작동하도록 합니다. 이것이 바로 스크립트입니다.

01 프로그래밍 "언어들"

만약 비디오 게임 프로그래머가 되고 싶으시다면 컴퓨터 과학이나 다른 기술 과목으로 기초를 다져야 할 겁니다. 전 세계 사람들이 서로 다른 언어로 말하고 읽는 것처럼 프로그래밍 "언어"도 수없이 많습니다. 프로그래머들은 게임을 만들 때 여러 언어를 사용합니다. 그중에서 대표적인 언어들은 다음과 같습니다:

☆ C#

☆ C++

☆ Visual Basic

☆ Python

☆ Java

그 외에도 많은 언어가 있으며 게임 개발자들은 "게임 엔진"이라는 것도 사용하는데, 게임을 만들 때 필요한 기능을 이미 갖추고 있고 더 쉽게 만들 수 있게 도와주는 프로그램입니다. 그중에서 유명한 엔진은 다음과 같습니다.

☆ Unity 3D

☆ Unreal Engine

☆ GameMaker

로블록스는 루아라는 프로그래밍 언어를 약간 수정한 버전을 사용하며 앞에서 말한 것들과는 아주 다르지만 몇 가지 비슷한 점도 있습니다.

로블록스 스튜디오에서 식탁이나 의자를 만들 때 루아에 대해서 알 필요는 없지만, 의자에 앉아서 음식을 먹게 하기와 같은 고급 동작을 하게 하고 싶다면 필요하지요. 그게 바로 이 챕터와 다음 챕터에서 다룰 내용입니다.

02 성공적인 프로그래밍

신중하고 정확하게 입력하는 것은 모든 종류의 프로그래밍에서 매우 중요합니다. 만약 하나라도 오타가 나면 스크립트는 작동하지 않습니다. 학교에서 글쓰기를 할 때 문법을 따라야 하는 것처럼 프로그래밍 언어만의 규칙이 있습니다.

🎲 게임에서 쓸 수 있는 간단한 스크립트

당신이 만드는 게임에 유용할 만한 스크립트는 매우 많습니다. 시작에 도움이 될 수 있도록, 당신 정도의 실력을 갖춘 로블록스 유저가 편하게 사용할 수 있는 스크립트를 설명하겠습니다.

01 닿으면 플레이어에게 데미지를 주는 오브젝트

플레이어에게 데미지를 주는 물건을 만드는 것은 최초의 게임이 개발된 이래 일반적으로 많이 사용되는 방법이었습니다. 게임 제작자라면 기본적으로 어떻게 이걸 만드는지 알아야 합니다. 먼저 당신의 게임에 데미지를 주는 오브젝트와 공간이 필요합니다. 때로는 플레이어가 이 오브젝트를 만지자마자 죽을 수도 있고요. 이 예시에서는 챕터 4에서 만든 것과 같은 오비를 만들어 봅시다. 다시 그 게임을 열어보세요. 이번에는 우리만의 레벨을 만들어 볼 겁니다. 먼저 시작점 앞에 블록 몇 개를 설치하고 몇 개를 네온, 빨간색으로 바꾸세요. 이렇게 만들면 어떤 블록이 위험한지 확실히 알 수 있습니다.

이제 빨간색 블록을 오른쪽 마우스 클릭을 하고 개체 삽입에서 Script를 넣은 다음 아래 스크립트를 넣으세요.

```
local brick = script.Parent
brick.Touched:connect(function (part)
 if part.Parent:FindFirstChild('Humanoid') then
     part.Parent.Humanoid:TakeDamage(100)
 end
end)
```

```
1    local brick = script.Parent
2
3  ⌄ brick.Touched:Connect(function (part)
4  ⌄     if part.Parent:FindFirstChild('Humanoid') then
5          part.Parent.Humanoid:TakeDamage(100)
6      end
7   end)
```

간단한 데미지 스크립트 ©ROBLOX CORPORATION

이 내용을 정확하게 넣는 것이 중요한데, 왜냐하면 줄 바꿈 문자가 코드의 커맨드를 분리하여 어떤 일이 일어나야 하는지 정확하게 알려주기 때문입니다. 이 책을 전부 읽고 프로그래밍에 대해서 좀 더 배운다면 국어 시간에 글쓰기와 문법이 중요한 것처럼 코딩에서도 맞춤법과 구문이 중요하다는 것을 알게 될 겁니다.

이 스크립트는 플레이어가 이 스크립트가 있는 블록(빨간 블록처럼)을 만지면 100 데미지(기본 최대 데미지 값)을 받고 죽게 만듭니다. 로블록스에서 죽으면, 당신의 캐릭터는 폭팔하듯이 파츠가 분리됩니다. 엄청 재미있지 않나요?

아니면 다른 상황에 맞게 이 스크립트를 바꿀 수도 있습니다. 예를 들어서 플레이어가 데미지 100 대신 약간만 받도록 바꾸고 싶다고요? 스크립트 마지막에 있는 숫자를 바꾸면 됩니다. 데미지는 플레이어가 블록을 만질 때마다 생깁니다.

02 치료 아이템 만들기

이제 플레이어를 다치게 하는 오브젝트 만드는 법을 배웠으니, 닿으면 플레이어를
치료하는 아이템을 어떻게 만드는지 배워봅시다. 다치게 하는 오브젝트와 치료하는
오브젝트를 결합하면 함정과 위험한 구역들 사이에서 플레이어가 스스로 회복을
할 기회를 주는 게임을 만들 수 있습니다.

이 예제를 위해서 전에 만들었던 군인을 가져와 봅시다. 도구상자에 가서 "Health
kit"을 검색하면 사진과 비슷하게 생긴 아이템을 찾을 수 있을 겁니다. 찾아서 게임
월드에 넣으세요.

작은 회복 아이템 ©ROBLOX CORPORATION

이 아이템이 플레이어를 회복시키게 하기 위해서는 다른 스크립트를 사용해야 합
니다. 이 스크립트는 먼저, 누가 회복 아이템을 만지고 있는지 아닌지 확인합니다.
만약 만지고 있다면 만지고 있는 대상이 플레이어인지 아니면 게임에 있는 다른 플
레이어인지 확인합니다. 이렇게 확인해야 회복 아이템이 적을 회복시키지 않도록
할 수 있습니다. 제가 선택한 오브젝트는 이미 스크립트와 다른 파트가 있지만, 제
가 원하는 건 오브젝트 하나이므로 이미 있는 스크립트를 없애고 당신의 스크립트
를 추가하면 됩니다. 회복 아이템을 마우스 오른쪽 버튼으로 클릭하고 개체 삽입,
Script를 한 다음 아래의 스크립트를 넣으세요.

```
local healthPack = script.Parent

local function heal(part)
 local character = part.Parent
    local hum = character:FindFirstChild("Humanoid")
    if hum then
        print("Healing " .. character.Name)
    end
end

healthPack.Touched:Connect(heal)
```

```
1    local healthPack = script.Parent
2
3  ∨ local function heal(part)
4        local character = part.Parent
5        local hum = character:FindFirstChild("Humanoid")
6
7  ∨      if hum then
8            print("Healing " .. character.Name)
9        end
10   end
11
12   healthPack.Touched:Connect(heal)
```

회복 아이템 스크립트 ©ROBLOX CORPORATION

완벽합니다! 스크립트가 제대로 입력이 됐다면 설정한 대로 플레이어의 체력을 회복시킬 겁니다. 저는 20 체력만큼 회복하도록 설정했습니다. 이 코드는 뒤에서도 계속 사용할 것이므로 새롭게 추가된 라인은 굵은 글씨로 표시하겠습니다. 굵은 글씨가 아닌 부분은 위에 적힌 스크립트와 동일합니다.

회복 아이템이 플레이어를 회복하도록 만들기 위해서는 몇 가지를 더 작업해야 합니다.

⭐ 치료 값을 설정해서 플레이어를 얼마나 회복할 수 있는지 게임에게 알리기

⭐ 이전의 플레이어 체력에 기반해서 체력이 올라가는지 확인하기, 예시로 플레이

어의 체력이 80이고 회복 아이템이 20 체력만큼 회복하게 만들었다면 체력이 100으로 회복되어야 함

☆ 이미 사용한 회복 아이템은 비활성화해서 반복해서 사용하지 못하도록 막기

그럼 새로운 스크립트는 다음과 같습니다.

```lua
local healthPack = script.Parent
local healAmount = 20
local cooldown = 5
local canHeal = true

local function heal(part)
    local character = part.Parent
    local hum = character:FindFirstChild("Humanoid")

    if hum and canHeal then
        canHeal = false
        local currentHealth = hum.Health
        local newHealth = currentHealth + healAmount
        hum.Health = newHealth
        print("Healing"..character.Name)
        wait(cooldown)
        canHeal = true
    end
end

healthPack.Touched:connect(heal)
```

```
1    local healthPack = script.Parent
2    local healAmount = 20
3    local cooldown = 5
4    local canHeal = true
5
6  ▿ local function heal(part)
7        local character = part.Parent
8        local hum = character:FindFirstChild("Humanoid")
9
10 ▿     if hum and canHeal then
11            canHeal = false
12            local currentHealth = hum.Health
13            local newHealth = currentHealth + healAmount
14            hum.Health = newHealth
15            print("Healing " .. character.Name)
16            wait(cooldown)
17            canHeal = true
18        end
19    end
20
21    healthPack.Touched:Connect(heal)
```

완성된 회복 아이템 스크립트 ⓒROBLOX CORPORATION

이제 당신의 게임에 완벽하게 작동하는 회복 아이템이 생겼습니다!

> **마치 면서**
>
> 이미 보았듯이 로블록스에서 스크립트로 만들 수 있는 것들은 무한합니다. 언제나 새롭고 흥미롭게 게임을 만들 수 있는 방법이 있으며, 스크립트는 그런 방법에서 가장 중요한 역할을 합니다. 다음 챕터에서는 스크립트를 활용해서 더 복잡한 것을 해 보겠습니다.

CHAPTER 09

고급 스크립팅

이 챕터는 당신의 아이디어를 "그냥 또 다른 로블록스 게임"에서 돈 주고 사야 하는 게임만큼 재밌게 만들 수 있도록 도와줄 겁니다. 게임 개발자가 되고 싶으시다면 이 챕터에서 배울 것은 매우 훌륭한 출발점이 될 겁니다! 이런 것들을 배울 것입니다.

- 스크립트의 가장 기본적인 용어
- 게임에서 스크립트로 할 수 있는 구체적인 예시
- 고급 스크립트를 사용하는 게임을 만드는 방법

알아야 할 핵심 용어들

이 책은 교과서는 아니지만 기억해야 할 단어들이 몇 가지 있습니다! 스크립트를 작성하는 것이 복잡한 만큼 이 책이나 인터넷, 그리고 로블록스 스튜디오에서 계속 보게 될 특이한 단어들이 있습니다.

☆ Bugs(버그): 게임에서 있어서는 안 되거나 예상치 못한 실수의 결과입니다. 예시로 플레이어가 무기를 주울 수 없거나 공격을 해도 적이 데미지를 안 받는다면 버그입니다. 보통 버그는 게임에 스크립트가 많이 있을 때 생깁니다. 스크립트를 많이 쓸수록 스크립트 에러가 날 가능성도 높아집니다.

☆ Code(코드): 스크립트 안에 적힌 텍스트이며 게임이 뭘 해야 할지 명령합니다. 챕터 8에서 연습한 플레이어의 체력을 회복하거나 만졌을 때 데미지를 주는 스크립트 예제를 생각해보세요.

☆ Loop(반복): 게임에게 어떠한 행동을 특정 조건이 맞춰질 때까지 계속 반복하라고 지시할 때 사용합니다. 음악을 틀거나, 플레이어와 싸울 적을 몇 초 간격으로 나타나게 만드는 것과 같은 반복적인 행위를 할 때 사용됩니다.

☆ Output(출력): 게임 내에서 돌아가는 스크립트가 어떻게 돌아가는지 보여주는 창입니다. 버그와 화면에 보이는 것을 텍스트로 보여줍니다. 이 기능은 게임이 아니라 로블록스 스튜디오에서만 사용됩니다. 결과 창이나 당신의 스크립트가 돌아갈 때 게임이 어떻게 이해하는지 보여주는 기록이라고 생각하세요. 출력창을 이용해서 무슨 일이 일어나는지 이해하고 버그를 찾을 때 사용합니다.

☆ Print(프린트): 스크립팅에서 프린트는 종이를 출력하는 프린터를 의미하는 것이 아니라 화면에 출력되는 글자를 의미합니다. 예시로는 플레이어의 대화나 새로운 지역이나 게임을 이겼을 때 플레이어에게 보여주는 메시지가 있습니다. 게임을 하고 있을 때 프린트는 플레이어에게 보이지 않습니다.

☆ Script(스크립트): 코드의 결합체로 로블록스 스튜디오에 있는 무언가가 게임에서 뭘 해야 할지 알려주는 것을 말합니다. 컴퓨터가 이해할 수 있도록 만들어

진 명령문과 같습니다. 나중에 설명할 3가지 종류의 스크립트가 있는데, Local, Server 그리고 Module이 있습니다.

⭐ Variable(변수): 변수란 로블록스에서 정보를 가지고 있는 용어를 의미합니다. 변수는 숫자나 오브젝트 아니면 일련의 정보가 될 수도 있습니다. 예시로 하나의 변수는 플레이어가 게임에서 체력을 얼마나 가지는지 정의하는 "playerHealth", 아니면 총이 얼마만큼의 총알을 가지고 있는지 알려주는 "gunAmmo" 변수가 될 수가 있습니다. 이처럼 함수는 게임에 있는 것들을 정의하도록 해줍니다.

로블록스의 스크립팅에 관한 더 많은 단어들이 있지만 스크립트를 이해하는 데 있어서 필요한 기본적인 단어들을 요약한 겁니다. 로블록스 스크립팅에 대해서 더 자세히 알고 싶으시다면 고급 로블록스 코딩 북을 읽어보면 좋습니다.

 ## 고급 스크립트가 뭘 할 수 있나요?

로블록스 스튜디오에서 스크립트는 온갖 다양한 것들을 할 수 있습니다. 챕터 8에서 설명한 것처럼 플레이어가 블록을 만졌을 때 데미지를 주거나, 주웠을 때 체력을 회복시키는 스크립트를 만들 수 있습니다. 그리고 더 많은 것들을 할 수 있습니다. 예시로는 다음과 같습니다.

⭐ 적이 플레이어를 쫓아가서 공격하게 하기
⭐ 초록불이 들어왔을 때 레이스가 시작하도록 하기
⭐ 캐릭터에게 레스토랑에 가서 치즈버거를 시키도록 하기
⭐ 임무를 완수했을 때 플레이어에게 점수 주기
⭐ 플레이어들이 도시를 다 같이 만들 수 있게 하기
⭐ 플레이어가 클릭했을 때 테디베어가 웃게 만들기
⭐ 그 외 더 많은 것들

로블록스의 개발자들은 Lua 프로그래밍 언어를 사용해서 플레이어들이 상호작용을 하도록 만들고 맞춤형 콘텐츠를 만듭니다. 로블록스에서의 스크립팅은 더 크고 유연한 게임엔진에서 코드를 짜는 것만큼 강력합니다. 물론 엘더스크롤 5: 스카이림만한 게임을 만들 수는 없겠죠, 그래도 그 게임과 거의 유사하게 만들 수는 있습니다. 로블록스는 지속적으로 업데이트를 통해서 개발자나 빌더들이 더는 로블록스처럼 보이지도 않는 게임을 만들 수 있도록 발전시켰습니다. 메시 모델을 게임에 넣거나 고급 모듈 스크립트를 돌리는 등 서버 처리 능력을 올리는 것으로 로블록스 게임들의 모습을 바꿔놨습니다. 더 이상 로블록스의 게임은 네모난 모양을 가지거나 유치하게 보이지 않아도 된다는 거지요. Lua가 얼마나 강력한 언어인지 대략적으로 설명하기 위해서는 지금부터 설명할 게임들이 Lua로 만들어졌다는 것만 알면 됩니다 : 월드 오브 워크래프트, 다크소울, 페이블 2, 엘더스크롤 온라인, 그 외 많은 게임들. 전체 목록은 구글에서 "Lua로 만든 게임들"을 검색하면 나올 겁니다.

🔲 액션 게임 만드는 5단계

이제 어떻게 스크립트를 쓰고 로블록스에서 어떻게 굴러가는지 기초를 잡았으니, 스크립트를 활용하는 좀 더 복잡한 게임 아이디어를 만들어 봅시다. 이 책에서는 어떻게 3가지 게임을 만드는지 알려줍니다.

1. 첫 번째는 점프하면서 장애물을 피하는 오비 장르 게임을 만들었습니다.

2. 두 번째는 돌아다니면서 점프하는 것보다 약간 더 복잡한 간단한 레이싱 게임을 만들었습니다.

3. 이번에는 좀 더 어려운 것을 시도해 볼 겁니다. 파이팅 게임, 아니면 모험 게임이라고 불리는 게임을 만들어 볼 텐데, 이러한 종류의 게임은 어떻게 만드냐에 따라서 수많은 카테고리에 들어가는데, 우리는 액션에 집중할 겁니다. 그러니 이번 게임은 액션 게임이라고 부릅시다. 대부분의 위대한 게임들은 전부 액션 게임이었으니까요!

01 1단계: 템플릿 열기

이런 게임을 만들기 시작하는 가장 좋은 방법은 로블록스 스튜디오에서 Combat 템플릿을 사용하는 겁니다. 이 템플릿을 열면 거대한 황무지의 한가운데에 총, 검 그리고 체력 팩이 있는 걸 볼 수 있습니다. 맵 외각에는 플레이어들이 스폰하는 스폰 포인트가 있네요.

이 게임은 간단하게 말하자면 플레이어들이 중앙으로 가서 무기를 잡고 싸우는 게 목표입니다. 이 콘셉트에 맞춰서 게임을 만들 수도 있고, 협동에 중심을 두는 게임을 만들어 볼 수도 있습니다. 둘 중 어떤 것을 선택하더라도 첫 단계는 똑같습니다.

02 2단계: 세계를 수정하기

기반은 마련했지만 세계 자체는 텅텅 비어있고 재미도 없습니다. 플레이어가 숨거나 탐험할 수 있는 건물이나 벽, 그리고 오브젝트들을 넣으세요. 이러한 모델들을 처음부터 만들거나 전에 배운 대로 도구상자에 있는 것을 가져와서 수정할 수 있습니다.

맵의 크기는 원하는 만큼 크거나 작게 만들 수 있습니다. 더 많은 변화를 주고 싶다면 아이템을 중앙에서부터 시작해 맵 곳곳에 퍼트리듯이 숨겨 놓으세요. 이렇게 만들면 플레이어들은 무작정 돌진하는 게 아니라 숨겨진 아이템을 찾아서 다니게 될 겁니다.

템플릿에 재미와 다양성을 넣어보기 ©ROBLOX CORPORATION Combat

어떤 종류의 맵을 만들지는 당신에게 달려 있습니다. 이번에는 저는 밀리터리 테마로 만들어 볼 겁니다. 다양한 종류의 건물과 오브젝트를 주변에 배치해서 플레이어가 숨거나 할 수 있는 구역을 늘려볼 겁니다. 달에 있는 우주 식민지나 지하 도시, 아니면 거대한 눈사람들로 가득한 얼음 궁전처럼 당신이 원하는 것을 시도해보세요!

03 3단계: 적과 스크립트 추가하기

이제 맵을 만들었으니 이 게임이 어떤 내용일지 정해야 합니다. 무엇을 만들고 싶나요?

☆ 플레이어들끼리 싸우기?

☆ 플레이어들이 협력해서 적을 물리치기?

☆ 플레이어가 자기를 위해서 적과 다른 플레이어들끼리 싸우기?

☆ 위 예시를 다 합치기?

일단 먼저 적을 추가하고 싶을 테니 거기서부터 시작해봅시다.

게임에 넣기 좋은 가장 기본적인 적은 좀비입니다. 다행히도 로블록스 스튜디오 도구상자가 도와줄 겁니다. 도구상자를 연 다음 "zombie"를 검색하고 user000_lll (알파벳 O, 그리고 숫자 0, 그리고 다시 알파벳 O, 언더바, 소문자 L, 대문자 i, 소문자 L)가 만든 "Respawning Zombie (rthro)"를 찾아보세요. 이를 클릭하면 자동적으로 게임에 나타납니다.

이제 게임에 좀비가 생겼습니다. 멋지네요! ©ROBLOX CORPORATION

이 좀비 모델이 좋은 점은 이미 스크립트가 있는 상태라는 겁니다. 이제 이 좀비의 스크립트를 한번 파헤쳐 봅시다. 보기 탭에서 탐색기를 열어보세요. 오브젝트가 이미 스크립트가 되었는지 확인하기 위해서 오브젝트, 이번 경우에는 좀비를 클릭하고 탐색기에서 이름 옆에 있는 작은 화살표를 누르면 다음과 같은 목록을 볼 수 있습니다.

☆ 좀비가 움직이게 만드는 애니메이션(Animate) 스크립트
☆ Health, NPC, RbxNoSounds 그리고 Respawn과 같은 스크립트
☆ 좀비의 다양한 파트들

이제 종이 뭉치처럼 보이는 아이콘 3개를 찾아야 합니다. 이 스크립트들이 좀비가 어떻게 행동해야 할지 명령합니다.

① **Respawn:** 좀비가 죽었을 때 새 좀비가 나오게 만들기

Respawn 스크립트를 열어보면 아래의 코드가 보일 겁니다.

```
name="Humanoid"
robo=script.Parent:clone()
while true do
    wait(1)
    if script.Parent.Humanoid.Health<1 then
        robot=robo:clone()
        robot.Parent=script.Parent.Parent
        robot:makeJoints()
        script.Parent:remove()
    end
end
```

이 스크립트는 좀비의 체력이 1보다 낮으면(즉, 죽으면) 새로운 좀비 클론이 생성
된다고 정의되어 있습니다. 적들이 "리스폰"을 해서 계속 플레이어를 쫓아 다니도
록 만든 것이죠. 당신이 만들 수 있는 어떠한 게임에도 쓸 수 있는 좋은 스크립트
입니다. 이제, 저는 좀비를 잡은 다음에 바로 새로운 좀비가 저를 쫓아오는 상황
을 원하지 않습니다. 그러니 이걸 한번 바꿔봅시다. "if script.Parent.Humanoid.
Health<1 then" 라인 바로 다음에 "wait(30)"을 넣으세요. 이 코드는 좀비가 죽고
난 다음 리스폰하기까지 30초의 시간이 생기도록 해줍니다.

② **Animate:** 좀비를 움직이게 하기

Animate 스크립트는 좀비를 움직이게 해줍니다. Animate 스크립트에서 가장 수정하기 쉬운 것은 적의 이동 속도를 바꾸는 것입니다. 스크립트 위쪽을 보면 다음 라인이 있습니다.

```
local currentAnimSpeed = 1.0
```

여기서 숫자만 바꾸면 좀비의 움직임이 더 빨라지거나 느려집니다. 10으로 맞추면 아주 빨라지고 5로 설정하면 약간 빠른 느낌을 주게 됩니다. 느리게 걷는 좀비와 플레이어를 향해서 빠르게 뛰는 난이도 있는 좀비와 같이 적을 다양하게 추가하는 것도 좋은 방법입니다.

이제 좀비의 진짜 걷기 속도를 바꿔봅시다. NPC 스크립트를 열고 약간 내리면 "PATROL_WALKSPEED = 8"가 나옵니다. 이 값을 올리거나 내려서 좀비가 공격하지 않을 때 얼마나 빠르게 움직일 수 있는지 설정하세요. 이 라인에서 좀 더 아래로 내려가 보면 "local ATTACK_MIN_WALKSPEED = 8" 과 "local ATTACK_MAX_WALKSPEED = 15"가 있습니다. 여기의 값을 수정하면 좀비가 플레이어를 공격할 때 느리게 움직일지, 빠르게 움직일지 바꿀 수 있습니다. 애니메이션 속도와 걷기 속도를 맞추는 것을 추천합니다.

이제 다양한 종류의 적들을 만들 수 있습니다. 어떤 종류의 게임을 만드는지에 따라서 플레이어를 쫓아가는 적으로 스켈레톤. 닌자. 군인. 기사 아니면 완전히 다른 것을 넣고 싶을 겁니다. 그럴 경우에는 원하는 종류의 적을 도구상자에서 찾고, 좀비 스크립트를 복사, 붙여넣는 방식으로 실험해 보세요. 스크립트를 수정해서 적들이 움직여 플레이어를 공격하게도 하고, 완전히 다른 행동을 하도록 바꿔볼 수도 있습니다.

다양한 종류의 적 추가하기

한 가지 시도해 볼 만한 재미있는 것은 가능한 한 많은 적들을 게임에 가득 채우는 것입니다. 거대한 좀비 무리처럼요! 플레이어들이 시도할 만한 재미있는 도전이 될 겁니다. 확실히 텅 비어있는 맵보다는 흥미로우니까요.

③ 스크립트

마지막은 Script입니다. 좀비 모델 안에 살펴봐야 하는 스크립트들이 몇 가지 더 있습니다. 책에 적힌 대로 스크립트가 작동을 하면 따로 여러분이 수정할 필요는 없습니다. Health, RbxNpcSounds 그리고 NPC가 있는데 Health는 체력의 양. 데미지를 어떻게 받을지, 그리고 죽었을 때 어떻게 해야 할지를 관리합니다. RbxN-pcSounds는 좀비가 게임에서 걸어 다닐 때나 공격할 때 어떤 소리가 나는지 명령합니다. 마지막으로 조금 전에 수정한 NPC 스크립트는 좀비가 어떻게 움직이거나 누굴 공격해야 하고, 어디로 움직여야 하고, 멈추기 전까지 얼마나 움직일지 명령합니다. 한번 자유롭게 스크립트를 수정해서 어떻게 NPC가 동작하는지 배워보세요.

04 4단계: 더 많은 플레이어 추가하기

감사하게도 로블록스에서 플레이어들을 당신의 게임으로 데려오는 것은 어렵지 않습니다. 게임을 완성하고 나서 로블록스에 공개하면 자동으로 멀티플레이어를 지원해줍니다. 만약 멀티플레이어 기능으로 모든 것이 제대로 작동하는지 확인하고 싶으시다면 다음을 따라 해보세요.

☆ 로블록스 스튜디오 상단에 있는 테스트 탭으로 가기

☆ 로컬 서버 옵션 선택하기

☆ 클라이언트 및 서버 탭에서 플레이어 숫자 설정하기

☆ 시작 누르기

당신의 컴퓨터에서 멀티플레이어 게임 시뮬레이션을 돌릴 수 있습니다. 다수의 플레이어를 구현할 더미 계정들을 실행해야 하기 때문에 로딩이 끝나기까지 몇 분 정도 기다려야 합니다. 로딩이 끝나면 여러 게임 창이 뜨는데, 그중에서 하나를 클릭하면 멀티플레이어 환경에서 평범하게 게임을 하는 것처럼 테스트를 진행할 수 있습니다. 점수판과 같은 다른 기능에 관해서는 챕터 13에서 다루도록 하겠습니다.

05 5단계: 마무리

무슨 게임을 만들고 싶은지에 따라서 플레이어가 게임을 "끝내는" 방법은 다양합니다. 예를 들자면 오비에서는 끝까지 가면 자연스럽게 게임이 끝나지만, 대부분의 인기 게임들처럼 플레이어들끼리 싸워야 하는 멀티플레이어 게임을 만들었다면 플레이어들의 점수를 기록할 필요가 있습니다. 대부분의 로블록스 게임들은 플레이어들이 게임을 계속하게 하기 위해서, 게임이 "끝나도록" 설계되어 있지 않습니다. 그렇기에 대부분 게임은 다시 시작해서 플레이어들끼리 계속 경쟁을 하거나 서로 싸우는 방식을 가지고 있습니다. 어떻게 멀티플레이어 게임에 점수를 넣는지와 로블록스에 올라온 스크립트로 어떻게 무한 재생되는 소리를 멈추는지에 대해서는 챕터 13에서 배울 겁니다.

좀비들이 넘쳐나는 군사기지 액션 게임은 실험할 여지가 많으며 시간을 들여서 로블록스를 배워보면 진짜로 멋지고 특별한 게임을 만들어 볼 수 있을 겁니다. 다음에 개발할 게임을 위해서 로블록스 스튜디오에서 이런 템플릿을 한번 살펴보세요.

☆ Line Runner: 이러한 종류의 게임은 화면에서 자동으로 달리는 캐릭터를 언제 점프하는지 명령해서 장애물을 피하는 게임입니다. 비슷한 종류의 게임으로는

플래피 버드, 제트벡 조이라이드 그리고 슈퍼마리오 런이 있습니다. 이런 종류의 게임은 대부분 사이드뷰 시점을 가지고 있습니다.

☆ Infinite Runner: 위에서 설명한 게임들과는 비슷하지만 사이드뷰 시점인 대신에 로블록스의 일반적인 3인칭 시점에서 플레이를 합니다. 비슷한 게임으로는 템플런, 서브웨이 서퍼 그리고 소닉 대쉬가 있습니다.

☆ Team/FFA Arena: 마지막으로 Team/FAA Arena Game으로 많은 것을 시험해볼 수 있습니다. 방금 전에 만든 액션 게임은 플레이어들이 좀비들과 싸워야 했습니다. 하지만 이런 종류의 게임들은 콜 오브 듀티, 오버워치나 카운터스트라이크처럼 플레이어들을 팀에 넣어서 서로 경쟁하도록 합니다. 만약 액션 게임을 만드는 것을 좋아한다면 만들기는 어렵지만 보람이 클 겁니다.

PART

3

고급 유저

CHAPTER 10

NPC 만들기

최고의 게임이라도 흥미로운 NPC(플레이 불가능 캐릭터)가 없다면 지루할 겁니다. 대부분의 최고의 게임들은 플레이어와 이야기를 하고 상호작용이 가능한 캐릭터들이 있으니 당신이 만들 로블록스 게임에도 필요하겠죠.

좋아하는 게임을 아무것도 없이 텅 비어있는 상태에서 혼자 하고 싶지 않죠? 애초에 게임이 혼자서 하도록 만들어졌다면 문제가 없겠지만 일반적으로는 그렇지 않습니다. 이번 챕터에서는 다음과 같은 것들을 배워볼 겁니다.

- 흥미로운 NPC를 만드는 방법
- NPC가 있으면 좋은 게임 장르
- 많은 NPC가 필요하지 않은 게임 장르
- 로블록스에서 NPC를 프로그래밍하는 방법

무엇이 NPC를 멋지게 만드나요?

당신이 좋아하는 게임들을 생각해보세요. 젤다의 전설, 마리오, 포켓몬 아니면 헤일로나 콜 오브 듀티와 같은 게임들에는 플레이어들이 상호작용이 가능한 흥미로운 NPC들이 있습니다. 마리오와 같은 몇몇 게임들은 NPC가 많지는 않지만 스토리에서 중요한 역할을 하는 캐릭터들이 있습니다. 예를 들자면 쿠파가 피치 공주를 어디로 납치했는지 알려주거나 레벨 사이에서 아이템을 파는 역할을 합니다.

플레이어에게 정보를 주거나 퀘스트를 통해서 도와주는 것과 같이 NPC는 게임에 따라서 다양한 역할을 가질 수 있습니다. 로블록스 스튜디오에서 어떻게 NPC의 용도를 설정하는지는 로블록스에서 NPC가 어떤 용도로 쓸 수 있는지 설명한 다음에 알아보겠습니다.

☆ Help(도움) 게임 내에서 캐릭터 머리 위에 물음표(?)를 표시하여 질문할 수 있음을 알려줍니다.

☆ Quest(퀘스트) 캐릭터 머리 위에 느낌표(!)를 표시하며 캐릭터가 퀘스트를 줄 수 있음을 알려줍니다.

☆ Shop(상점) 머리 위에 달러($)를 표시해서 NPC로부터 아이템을 살 수 있음을 알려줍니다.

흥미로운 NPC를 만드는 것은 어렵지 않으며 방법도 다양합니다. 다음은 NPC를 만들 때 도움 될 몇 가지 특징들입니다.

01 개성
NPC가 웃기거나 매력적이거나 대화하기 좋다면 플레이어들이 기억하고 관심을 줄 가능성이 높습니다.

02 강한 동기부여

NPC가 플레이어에게 아이템이나 퀘스트만 준다면 전혀 흥미롭지 않겠죠. 다시 말해서 NPC가 자신만의 이야기와 동기가 있다면 더 흥미롭게 보일 겁니다. 예시로 NPC 캐릭터가 플레이어와 같은 적을 가지고 있고 복수를 원한다면 NPC가 당신을 도와줄 이유가 생기며 다른 중요한 캐릭터와 연관이 있다면 무작위의 NPC와 대화하는 느낌이 들지 않을 겁니다. NPC의 동기와 감정이 어떻게 플레이어와 조화를 이루는지 알아내는 것은 효과적으로 NPC를 만들기 위해서 필요한 중요한 부분입니다.

03 흥미로운 외형

쉽게 간과하는 것 중 하나는 당신의 게임의 NPC 주변의 환경이나 입고 있는 옷이 흥미로워 보이지 않는다면 플레이어들이 관심을 크게 기울이지 않는다는 점입니다. NPC에게 멋진 옷이나 작은 집을 한번 줘보세요. 저는 색다른 모습일 뿐만 아니라 유행도 따라갈 수 있는 Rthro 캐릭터들을 사용해보는 걸 추천합니다.

NPC가 어떤 종류의 게임에 도움이 되나요?

모든 게임들에 플레이어와 상호작용하는 NPC가 필요한 건 아닙니다. 오히려 NPC가 방해를 안 해서 더 나은 게임이 있고, 게임 월드에 캐릭터를 넣으면 확연하게 도움이 되는 게임도 있죠.

01 NPC가 있는 게 좋은 게임들

플레이어가 NPC와 상호작용을 많이 해야 하는 게임을 만들고 있다면 당연하게 NPC를 써야 합니다. 예시로 다음 종류의 게임에는 NPC가 있는 것이 좋습니다.

① 좀비 게임

"아니, 플레이어들은 좀비와 상호작용을 하는 대신 그냥 쏘잖아요!"라고 생각하실 수 있습니다. 틀리지는 않았지만 총을 맞는 좀비들도 플레이어를 쫓아서 공격을 해야 하지요! 그렇기 때문에 좀비가 행동을 하기 위해서는 프로그래밍을 어떻게 하는지 알아야 하며 좋은 NPC를 만드는 원칙들도 알아야 합니다. 좀비 말고도 플레이어와 만나서 말하고 협력하는 캐릭터를 만들어서 더욱 흥미진진하게 만들 수도 있습니다. 그냥 좀비들과 싸우는 것은 다른 사람을 구하는 것보다 인상이 깊진 않으니까요.

② 롤플레잉 게임

플레이어들이 NPC와 상호작용하는 가장 흔한 종류의 게임입니다. 이런 게임에서 어떤 상호작용이 가능하냐면:

☆ 마을에 있는 NPC들과 대화해서 어디로 가야 할지 알아내기

☆ 여정을 떠나면서 NPC와 함께 또는 대항해서 싸우기

퀘스트를 하기 위해서는 플레이어가 무엇을 해야 하는지와 누구를 구해야 하는지 알려줘야 합니다. 구할 사람이 없다면 히어로라고 부르기는 힘들잖아요?

③ 어드벤처 게임

어드벤처 게임은 환상적인 세계에서 장대한 여정을 떠나서 괴물들 아니면 악당들과 싸워 사람들을 구한다는 점에서 롤플레잉 게임들과 아주 비슷합니다. 하지만 다른 캐릭터들과 대화를 더 많이 하고, 탐험할 장소가 많지만 레벨업을 하기 어렵고, 싸울 일이 적다는 점에서는 다르지요.

02 NPC가 없는 게 좋은 게임들

로블록스에 있는 모든 게임들이 NPC가 필요하지는 않습니다. 사실 당신이 해본 대부분의 로블록스 게임들은 NPC가 없어도 될 겁니다. 많은 오비맵이나 레이싱 게임, 심지어 총 게임이나 액션 게임들 모두 NPC가 없습니다. NPC가 없는 가장 큰 이유는 로블록스는 게임을 만들어서 온라인에서 같이 하는 것이 핵심인 게임이기 때문입니다. 이러한 이유 때문에 로블록스는 NPC 캐릭터와 상호작용을 하는 게임

을 만들기에는 좋은 곳이 아닙니다. 그렇다고 싱글플레이어 게임을 만드는 것을 포기하지는 마세요. 제가 해본 최고의 싱글플레이어 게임 중 하나는 Defaultio가 만든 Cone인데, 스테이지가 두 개만 있고 게임 내내 NPC는 플레이어와 상호작용을 전혀 하지 않습니다.

이는 다시 처음으로 돌아와서 당신의 플레이어가 누구인지 그리고 그들이 게임에서 무엇을 가장 즐기고 원할지를 이해하는 것이 중요하다는 뜻입니다. 만약 누군가 마리오카트와 같은 게임을 한다면 게임 세계관이나 전설에 대해서 캐릭터와 대화를 나누는 것보다 레이싱을 하고 싶다는 걸 예상할 수 있겠죠.

① 멀티플레이어 게임

멀티플레이어 게임들은 NPC가 필요 없는 또 다른 예인데, 보통 사람들은 멀티플레이어 게임을 할 때 같은 팀이거나 경쟁하고 있는 다른 플레이어에 집중을 하지, NPC가 말하는 것에는 신경을 쓰지 않을 겁니다. 공격하려고 달려오는 다른 사람을 쏘기도 바쁜 시간에 굳이 NPC와의 대화 선택지를 보면서 시간 낭비를 할 필요가 있나요?

로블록스에서 NPC 만드는 법

NPC로 할 수 있는 것은 다양합니다. 간단하게 3가지를 이야기하자면,

☆ 좀비 게임처럼 NPC가 플레이어를 쫓아와서 공격하게 만들 수 있습니다.

☆ NPC를 아무 곳에나 배치해서 필요할 때 플레이어에게 말을 걸도록 만들 수 있습니다.

☆ NPC가 플레이어가 아닌 주변 환경과 상호작용을 하도록 만들 수 있습니다. 이런 NPC들은 일반적으로 플레이어들과 상호작용 하는 대신 평범하게 돌아다닐 겁니다.

게임을 진행하면서 복잡한 움직임과 행동을 하는 NPC를 프로그래밍하는 것은 이

책이 다루고 있는 범위를 벗어나기 때문에, 어떻게 NPC가 플레이어와 대화를 하도록 만들 수 있는지에 집중하겠습니다.

01 말하는 NPC 만들기

가장 기본적인 종류의 NPC는 게임에서 가만히 서 있다가 플레이어가 다가오면 대화를 하는 NPC입니다. 이러한 종류의 NPC는 다음과 같은 용도로 사용할 수 있습니다.

☆ 플레이어에게 게임 세계에 대한 정보 주기
☆ 플레이어에게 특정한 임무 주기
☆ 플레이어가 궁금할 만한 질문에 답해주기

이번에는 판타지 왕국을 기반으로 예시를 들어보겠습니다. 게임 제작자로서 당신의 목표는 성을 지키는 NPC가 말하도록 만드는 겁니다. 플레이어가 성 밖에서 모험을 하다가 다리에 서 있는 기사를 보면 다가가서 "여기가 어딘가요?" 아니면 "누가 여기에 사나요?"와 같은 간단한 궁금증이 생길 겁니다. 플레이어 입장이 되어서 내가 무엇을 원할지 생각해보세요!

① 캐릭터 찾기

시작하기에 앞서서, 로블록스 스튜디오에 가서 템플릿을 선택하세요. 이번 예에서는 Castle 템플릿을 선택하는 것이 좋겠네요. 홈 메뉴로 가서 삽입에 있는 도구상자를 열고 "knights of redcliff"를 검색하세요. 중세 기사를 찾아서 게임에 추가하면 됩니다. 만약 knights of redcliff 모델을 찾을 수 없다면 비슷하게 생긴 기사를 써도 됩니다. 기사가 있기에 좋은 위치는 다리 앞입니다.

성 앞에 서 있는 기사 ©ROBLOX CORPORATION

② 캐릭터에게 대화 기능 추가하기

이제 성 앞에 멋진 기사를 놔뒀으니 인격을 넣을 차례입니다. 그냥 거기에 서 있게

만 하는 건 흥미롭지 않으니까요. 먼저 Knight를 선택하고 로블록스 스튜디오 상단

에 있는 모델 메뉴로 가세요. 메뉴 가장 오른쪽에 있는 고급에서 가장 왼쪽, 육각형

모양 안에 기어가 있는 개체 삽입 아이콘을 누르세요. 그러면 기본 개체 삽입 창이

나오는데, 여기에는 다양한 기능들이 있습니다. 검색창에서 "dialog"를 검색하고

두 번째로 나오는 결과를 클릭하세요.

Dialog 옵션 ©ROBLOX CORPORATION

탐색기 창에서 Knight 오브젝트 리스트 가장 아래에 Dialog가 추가됐을 겁니다.

만약 기사 모델 안에 Dialog가 없고 다른 곳에 있다면 마우스로 끌어서 기사 모델 안으로 넣어주세요. 이렇게 하면 Dialog가 게임 내에 있는 기사 안에 추가됩니다.

③ 캐릭터의 어떤 파트가 말을 할지 선택하기

이제 로블록스 스튜디오에게 기사의 어떤 파트에서 말을 할 것인지 설명해야 합니다. 당연히 대화창을 캐릭터 머리 위에 넣고 싶을 것이니 Knight 오브젝트 안에 있는 머리 안으로 Dialog를 넣으면 됩니다. 제대로 하셨다면 탐색기가 아래 사진처럼 보일 겁니다.

Dialog를 기사 머리에 넣었습니다 ©ROBLOX CORPORATION

대화를 목적으로 한다면 대화 기능을 머리에 다는 게 일반적이지만 다른 파트에 붙이는 쪽이 더 나은 경우도 있습니다. 예를 들자면 플레이어가 함정 같은 것을 밟거나 손에 물건을 쥐고 있는 경우에만 상호작용이 가능하도록 만들고 싶을 때가 그럴 겁니다.

④ 말하게 만들기

이제 필요한 곳에 Dialog 오브젝트를 넣었으니 기사가 무엇을 말하게 할지 설정할 수 있습니다. 탐색기에서 Dialog를 클릭하면 속성 창에서 몇 가지 설정들이 보일 겁니다(속성 창이 열려있지 않다면 보기 메뉴에서 왼쪽 상단에 있는 속성 버튼을 누르세요). InUse는 다른 플레이어와 대화 중이라는 것을 알리는 창을 키거나 끌 수 있는 설정입니다. 대화가 끝나고 나면 자동으로 꺼져서 다른 플레이어들이 대화를 시작할 수 있도록 해줄 겁니다.

이제 이 캐릭터가 플레이어에게 인사말로 뭐라고 말할 것인지 정해봅시다. 성 앞에서 보초를 서고 있는 기사이니 "안녕하시오 시민! 내가 어떻게 도와줄 수 있겠소?"는 어떤가요? 한번 써봅시다. InitialPrompt 옵션을 찾아서 빈 상자에 인사말을 넣어주세요.

그다음에는 이 기사가 도움을 주는 역할임을 알리고 싶으니 속성에서 약간 내려가서 Purpose 설정을 Help로 설정해주세요. 이렇게 해두면 게임 내의 캐릭터 머리 위에 물음표(?)를 띄워서, 플레이어에게 캐릭터에게 다가가서 질문을 할 수 있다는 것을 명확하게 보여 줍니다.

하지만 아직까지는 기사 캐릭터는 플레이어에게 질문만 할 수 있습니다. 플레이어가 기사에게 질문을 할 수 있는 기능을 아직 넣지 않았습니다. 이를 위해서는 탐색기에서 Dialog를 마우스 오른쪽으로 클릭하거나 Dialog 오른쪽에 있는 + 아이콘을 눌러서 개체삽입에서 DialogChoice를 넣으면 탐색기에 나타날 겁니다.

> ### NPC의 목소리 톤 바꾸기
>
> 원한다면 DialogChoice 오브젝트를 더 넣어서 대화의 범위를 넓힐 수 있습니다. 대화의 톤도 바꿀 수 있어요(Dialog의 속성 창, Tone 옵션에서 가능합니다). 톤을 바꾸면 비주얼이 달라지는데, Neutral은 파란색을, Friendly는 초록색, Enemy는 빨간색으로 바뀝니다.

아마 이 세계에 있는 캐릭터가 기사에게 물어볼 가장 평범한 질문은 "여기가 어딘가요?"일 겁니다. 도로를 따라서 걷다 물로 가득찬 해자를 가로지르는 다리에 왔는데 건너편에 거대한 성이 있다고 생각해보세요, 성 안에 뭐가 있을지 궁금할 겁니다!

플레이어가 말할 질문을 추가해봅시다. 탐색기에서 DialogChoice를 클릭하지 않았다면 다시 클릭해주세요. 그다음 DialogChoice의 속성창 밑에서 UserDialog를 찾아보세요. UserDialog의 빈 상자에 플레이어가 기사에게 물어볼 수 있는 것을 넣어주세요. 게임에서는 플레이어가 클릭 가능한 옵션으로 나타납니다. "여기가 어딘가요?" 아니면 당신이 생각한 다른 질문을 상자에 넣어보세요. 원하는 대로 넣을 수 있지만 입력한 내용 그대로 게임에 나온다는 것을 주의하세요.

이제 기사가 질문을 받으면 어떻게 답할지 설정합니다. 원한다면 색다르게 넣을 수 있지만, 지금은 "여기는 블록토푸스 성이고 로브 록스 4세께서 다스리는 로블록시아 왕국의 수도라네."로 해봅시다. Responsedialoge의 상자에 넣으면 됩니다.

마무리를 하려면 몇 개의 마무리 단어를 넣어야 합니다. Dialog와 DialogChoice 오브젝트에서 GoodbyeDialog 옵션을 찾아보세요. 여기에 입력하는 텍스트는 플레이어가 클릭해서 대화를 끝낼 수 있는 텍스트입니다. 저는 Diaglog와 DialogChoice의 GoodbyeDialog 오브젝트에 모두 "안녕히 가세요"를 넣었습니다. 만약 전부 제대로 하셨다면 DialogChoice 오브젝트가 사진처럼 보일 겁니다.

기사의 대화 선택지 만들기 | ⓒROBLOX CORPORATION

대화를 여기서 멈출 필요는 없습니다. 원하신다면 DialogChoice 오브젝트를 더 추가해서 NPC가 다른 질문들에도 대답할 수 있도록 만들 수 있습니다. 이렇게 만들면 완벽한 대화를 만들 수 있습니다. 예시를 들자면 플레이어는 기사에게 이름이 무엇인지, 어디서 태어났는지, 왕국이 어떻게 돌아가고 있는지 묻게 만들 수 있고 기사가 이런 질문들에 어떻게 답할지 생각 해 볼 수 있을 겁니다.

⑤ 시험해 보기

완성했습니다! 이제 게임에 들어가서 제대로 작동하는지 시험해보세요. 게임을 테스트할 때 여기서 플레이 버튼을 누르면 기사 바로 앞에 스폰해서 바로 테스트를 할 수 있습니다. 기사에게 다가가서 머리 위에 있는 물음표(?)를 눌러서 대화를 시작하고 대화 선택지를 고르세요. 여기에 나오는 대화 선택지는 당신이 UserDialog 를 통해서 넣은 선택지들입니다.

판타지 왕국의 기사와 대화하는 중 ©ROBLOX CORPORATION

02 다양한 캐릭터 추가하기

플레이어가 게임에서 만날 수 있는 다양한 종류의 캐릭터들을 생각하고 어떤 말이 든 하거나 플레이어에게 팁이나 조언을 할 수 있는 NPC들을 게임 곳곳에 넣어보 세요. NPC가 가만히 서 있기는 하지만 지루하게 있을 필요는 없으니까요.

마치 면서

이제 어떻게 로블록스에서 플레이어와 소통이 가능한 캐릭터를 만드는지 배웠습니다. 이 지식을 이용하면 도시 전체를 재미있고 흥미로운 NPC로 가득 채울 수 있을 겁니다. 이제 어떻게 로블록스에서 신나는 퀘스트와 모험을 만드는지 배울 시간입니다!

CHAPTER 11

퀘스트 만들기

로블록스에서 게임을 만드는 기본적인 원리와 몇 가지 고급 원리를 알고 있다는 것은 두 가지를 의미합니다.

❶ 내가 가지고 있는 최고의 상상력을 현실에서 구현할 수 있다는 것
❷ 목표와 같은 실제 게임 콘텐츠로 내 게임을 가득 채울 수 있다는 것

이런 것을 이루는 가장 좋은 방법 중 하나는 플레이어에게 특정한 목표와 보상이 있는 퀘스트와 임무를 주는 겁니다. 이번 챕터에서는 다음과 같은 것을 배웁니다.

- 흥미로운 퀘스트 만드는 법
- 퀘스트와 잘 맞는 게임과 그렇지 않은 게임들
- 플레이어가 거부감을 가지지 않도록 콘텐츠를 조절하는 방법

내 게임에 맞게 퀘스트 만들기

플레이어가 당신의 세계를 탐험할 타당한 이유가 필요하겠죠. 어떤 것들이 타당한 이유가 될 수 있을까요?

☆ 마을 근처 동굴 속 괴물 조사
☆ 마을 주변 사람들에게 도움이 필요한지 물어보기
☆ 잃어버린 보물 찾기
☆ 지역에 대해서 알아보기 위해 표지판 읽기

 ## 어떤 게임들이 퀘스트와 잘 맞나요?

모든 종류의 게임에 퀘스트를 넣을 필요는 없습니다.

01 퀘스트가 어울리는 게임

롤플레잉 게임(RPG)나 어드벤처 게임들은 퀘스트를 통해서 세계관과 스토리에 대한 상세한 설명을 하기 좋습니다.

02 퀘스트가 어울리지 않는 게임

게임에 퀘스트를 어떻게 넣을지 고민할 때, 게임 내의 모든 것이 퀘스트의 일부가 돼야 한다고 생각하기 쉽습니다. 세 걸음마다 NPC를 넣어서 당신이 만든 세계를 플레이어들에게 설명하고 싶을 테지만 그러한 행동은 자제해야 합니다!

지금까지 해본 게임들을 생각해보세요. 캐릭터가 당신과 대화를 너무 많이 하고 싶어 하지는 않을 겁니다. 보통 플레이어들은 게임의 재미를 바로 느끼고 싶어 하니, 강제로 설명을 듣게 만들면 지루함을 느끼고 게임을 끄겠죠. 퀘스트가 필요하지 않은 게임들은 다음과 같습니다.

☆ 플레이어가 다른 사람들과 싸우는 액션 게임

☆ 목표가 확실하고 추가 목표가 불필요한 오비 게임

☆ 레이싱 트랙 외 다른 것은 필요 없는 레이싱 게임

물론 위에 설명한 게임들에 절대 퀘스트를 넣으면 안 된다는 것은 아닙니다. 몇몇 퀘스트들은 목표가 설정되어 있는데, 예시로 레이싱 게임에서 3번 우승하는 것을 목표로 퀘스트를 줄 수 있습니다. 이러한 것들을 도전과제나 배지라고 부르며 오비 게임에서 특정 시간 안에 모든 장애물들을 통과하면 퀘스트 포인트를 주거나, 격투 게임에서 특정한 시간 안에, 혹은 특정 방법으로 다른 플레이어를 이기면 된다는 식으로 퀘스트를 줄 수 있습니다.

퀘스트를 만드는 가장 좋은 방법

플레이어에게 퀘스트를 주는 몇 가지 방법이 있습니다.

01 NPC와의 간단한 대화
플레이어가 몇 가지 질문을 하고 NPC는 답을 합니다. 이게 전부입니다.

02 대화 분기
다른 주제를 다루는 더 긴 대화입니다. 가끔 이런 대화가 미니 게임처럼 느껴질 수도 있습니다. 당신이 하는 말에 따라서 NPC가 다양한 반응과 무엇을 할 것인지 변화를 줄 수 있습니다. 예를 들자면 NPC를 화나게 만들면 대화 도중에 플레이어로부터 멀어지게 만들 수 있습니다.

03 이벤트 스크립트하기
대화를 마치고 NPC가 플레이어에게 무언가를 해달라고 부탁할 수 있습니다. 그 부탁을 끝낼 때까지 플레이어는 NPC에게 다시 대화를 걸 수 없습니다. NPC가 플레이어에게 근처 던전에 가서 드래곤을 잡은 다음에 성배를 되찾아주길 원한다고 가정해 봅시다. 플레이어가 이 부탁을 들어주지 않으면 더 이상 게임을 진행할 수 없을 겁니다.

퀘스트로 게임 콘텐츠 균형 맞추기

일단 퀘스트 만드는 데 익숙해지면 생각할 수 있는 가장 복잡한 스토리가 엮인 퀘스트를 만들고 싶을 수 있는데, 이는 그다지 좋은 생각이 아닙니다. 플레이어에게 건네는 작은 대화로 시작해서 천천히 늘려나가 보세요. 받을 수 있는 퀘스트의 숫자를 제한하는 좋은 방법은 몇몇 퀘스트들을 특정 레벨을 깨거나 이벤트 후에만 받을 수 있도록 만드는 겁니다. 그러니까 예를 들자면 새로운 플레이어는 퀘스트를 한두 개만 받지만 조금 더 오랫동안 게임을 했던 사람은 레벨에 맞춰서 더 많은 퀘스트를 받을 수 있는 것처럼요.

마치 면서

이제 지금까지 만들어본 3가지 게임을 어떻게 발전시킬 수 있는지에 대한 더 많은 아이디어를 가지게 되었을 겁니다. 어떻게 대화와 퀘스트를 통해서 플레이어와 소통하는 캐릭터를 만들 수도 있죠! 이제 어떤 게임을 만들고 싶은지 한번 생각해봅시다. 게임을 만들 때 가장 어려운 부분은 프로그래밍이 아니라 콘셉트와 스토리를 만드는 것이니, 공책이나 패드와 연필을 꺼내서 어떤 세계를 만들고 싶은지 적어보는 걸 추천합니다. 상상력 하나만으로도 많은 것을 만드실 수 있을 겁니다.

CHAPTER 12

멀티플레이어를 위한 게임 최적화하기

대부분의 로블록스 게임들은 온라인상에서 다양한 사람들이 함께 하는 게임들입니다. 예를 들어, 콜 오브 듀티와 같은 게임을 온라인에서 한다면 당신은 한 팀의 팀원으로서 다른 팀과 싸울 겁니다. 이런 게임에서 팀원을 그냥 무시할 수는 없겠죠. 이번 챕터에서는 다음과 같은 것을 배웁니다.

- 어떤 종류의 게임이 멀티플레이어가 어울리는지
- 어떤 종류의 게임이 안 어울리는지
- 플레이어들끼리 서로 방해하지 못하게 하는 방법
- 플레이어를 게임에 돌아오도록 하는 방법

어떤 게임이 멀티플레이어가 어울리나요?

대부분의 로블록스 게임들은 멀티플레이어 기능을 플랫폼의 일부로 받아들였습니다. 기본적으로 비슷한 생각과 관심사가 있는 사람들이 로블록스에 모여있기 때문에, 이렇게 사람들을 끌어모으는 게임들은 보통 많은 사람들에게 사랑을 받습니다. 챕터 2에 있는 최고의 로블록스 게임들을 살펴보고 직접 해보시면 다른 사람들과 같이 했을 때 더 재밌다는 것을 알게 될 겁니다.

01 멀티플레이어가 어울리는 게임들

경쟁적이거나 최고 점수를 내는 게임, 목표를 빠르게 해치워야 하는 등 일반적으로 경쟁을 부추기는 게임들은 전부 멀티플레이어 게임으로 만들기 좋습니다. 다음은 로블록스에서 거의 항상 멀티플레이어를 지원하는 게임들입니다.

- ☆ 레이싱 게임
- ☆ 슈팅 게임
- ☆ 화면 전체가 적으로 가득한 액션 게임

친구들과 경쟁할 수 없는 레이싱 게임을 하고 싶을까요? 컴퓨터가 조작하는 상대와 경주를 하는 건 그다지 재미가 없습니다. 그리고 게임으로 다른 사람들을 유입시키는 것보다 로블록스에서 레이싱을 잘하는 컴퓨터를 프로그래밍하는 게 더 어렵습니다.

02 멀티플레이어가 어울리지 않는 게임들

모든 게임들이 멀티플레이어를 고려하고 만들지는 않습니다. 예를 들자면 다음과 같습니다.

- ☆ 유령을 피하면서 어두운 집을 숨어 다니는 게임을 만든다면 혼자 하도록 만드는 것이 더 무서울 겁니다.

마리오와 같은 오비 게임에서 화면에 많은 플레이어들이 있으면 오히려 게임을 할 때 방해가 되거나 길 찾기가 힘들어집니다.

플레이어들간 방해 제한하기

온라인 게임에서 가장 큰 문제 중 하나는 누구랑 게임을 같이 하게 될지 모른다는 겁니다. 대부분의 플레이어들은 정해진 대로 재미있게 게임을 즐기지만 가끔 몇몇 플레이어들은 다른 사람들이 게임을 하는 걸 방해하는 게 재밌다고 생각해서 당신의 캐릭터나 게임 진행을 방해할 수 있습니다.

다행히도, 로블록스에는 채팅 검열 기능이나 플레이어들을 신고할 수 있는 좋은 기능들이 있습니다. 그러나 로블록스에서 게임을 만드는 것에 관심이 있으시다면 온라인에 있는 몇몇 사람들은 다른 사람들을 힘들게 하기를 즐긴다는 것을 인지하셔야 합니다. 다음은 플레이어들이 서로 방해하는 것을 줄일 수 있는 몇 가지 방법들입니다.

01 플레이어들을 서로 다른 곳에서 스폰하게 하기

챕터 7과 9에서 짧게 설명한 것처럼 당신이 할 수 있는 것 중 하나는 플레이어들을 분리하는 것입니다. 플레이어가 처음 게임에 들어왔을 때 이미 플레이하고 있는 사람들과는 다른 위치에서 스폰하게 만들 수 있습니다. 방법은 간단합니다. 처음 오비 게임 만들 때 사용한 스폰을 기억하시나요? 플레이어들이 전부 다른 지점에서 스폰하도록 스폰을 여러 곳에 설치하세요.

로벅스

온라인에서 다른 사람들을 방해하는 대부분의 사람들은 다른 사람들이 괴로워하길 바랍니다. 가끔 어떤 사람들이 당신에게 무료 로벅스를 달라고 이야기하기도 합니다. 절대로 다른 사람들에게 로벅스를 달라고 구걸하지 마세요! 그리고 다른 사람들에게 로벅스를 주지도 말고요! 당신이 구매한 로벅스는 오로지 당신만을 위한 것입니다. 로벅스를 남에게 주는 것은 로블록스 약관을 위반하는 행동이며 로벅스를 구걸하거나 남에게 주는 것으로도 밴을 당할 수 있습니다. 절대로 하지 마세요.

02 게임을 매우 경쟁적으로 만들기

당신이 하고 싶은 것과 정반대로 들릴 수 있지만 실제로 효과가 있습니다. 서로 협동하게 만들었을 때 일부 플레이어들이 의도와 반대로 성가시게 굴거나 서로 경쟁하고 싸우게 만드는 대신, 모든 플레이어들이 서로 싸워서 이기는 것을 목표로 만들면 방해하는 것 그 자체가 게임의 목표가 되기 때문에 방해하는 플레이어들이 크게 문제가 되지 않습니다. 가장 좋은 예시로는 Booga Booga라는 게임인데, 게임이 너무 경쟁적이라 저는 아예 게임을 진행하지 못할 정도였어요! 하지만 많은 사람들은 플레이어 대 플레이어 구조를 즐깁니다. 게임의 목표는 자원과 재료를 당신이 세운 기지에 모아두고 자원을 훔치려는 적들을 물리치는 겁니다. 팀이 있다면 팀원들이 밖에서 NPC들이나 적들을 공격할 때 뒤에서 기지를 지키면 됩니다.

플레이어를 게임에 돌아오도록 하는 방법

일단 당신에게 맞는 게임을 만드는 방법을 알아냈고, 개발하는 동안 게임이 재미있다고 생각이 들었다면 이제 플레이어들에 대해서 생각을 해볼 시간입니다. 멋진 게임을 만드는 것은 로블록스에서 게임을 출시하기 위한 퍼즐의 일부분에 불과합니다. 이제 사람들이 게임을 또 하러 돌아오게 만들 정도로 재미가 있는지 확인하기 위해 몇 가지 작업을 더 해야 합니다.

친구와 게임 만들기

 온라인에 있는 친구들을 도움을 받아서 로블록스에서 게임을 만들 수 있습니다. 이 기능은 팀 제작 기능이며 로블록스 스튜디오의 보기 창에서 열 수 있습니다. 팀 제작 기능은 친구들을 초대해서 게임을 만드는 데 도움을 받을 수 있습니다. 초대된 사람들은 캐릭터나 퀘스트, 스크립트와 같은 것을 추가할 수 있습니다.

지금까지 저희가 만들어온 게임들은 새로운 로블록스 개발자들을 위한 훌륭한 연습이었지만 너무 간단하고 기본적이라서 많은 로블록스 유저들을 끌어오지는 못할 겁니다. 다음은 당신의 게임을 사람들에게 어필해서 게임을 계속 플레이하도록 도와줄 몇 가지 아이디어들입니다.

01 랜덤 요소 넣기

만약 게임이 A 지점에서 B 지점으로 가면 끝나는 정도로 간단하면 사람들은 이 게임을 다시 플레이하지 않을 겁니다. 만약 이 간단한 게임이 진짜, 정말로 재미있다고 해도 한두 번쯤 더 할까말까겠죠.

그렇기 때문에 랜덤한 요소를 추가하는 것이 필요합니다. 적들을 다양한 장소에 나타나게 하거나 무작위 효과 아니면 매번 다른 보상을 주는 등, 게임을 할 때마다 예측이 불가능하고 다르게 느껴지면 플레이어들이 더 많은 것을 해보기 위해서 다시 돌아올 가능성이 높습니다.

예를 들어서, 플레이어나 NPC가 미리 정해진 장소에서 스폰하는 것이 아닌 랜덤한 장소에서 스폰하도록 만들 수 있습니다. Sporkyz가 만든 이 스크립트를 당신이 랜덤하게 스폰을 하고 싶은 오브젝트에 한번 넣어보세요.

```
HHHTTT = Instance.new("Model", game.Workspace)
HHHTTT.Name = "SPLocate"

wait()
script.FirstSpawn:Destroy()

while wait() do
Instance.new("SpawnLocation", game.Workspace.
SPLocate)
game.Workspace.SPLocate.SpawnLocation.Duration = 0
game.Workspace.SPLocate.SpawnLocation.Anchored = true
game.Workspace.SPLocate.SpawnLocation.CanCollide = false
game.Workspace.SPLocate.SpawnLocation.Transparency = 1
game.Workspace.SPLocate.SpawnLocation.CFrame =
CFrame.new(math.random(-349,486),0,math.random(-349,486))
wait(1) game.Workspace.SPLocate.SpawnLocation:Destroy()
end
```

한 가지 아셔야 하는 것은, 이 랜덤 스폰 스크립트는 Y가 0인 평지에서만 작동이 되며 지형의 높이는 고려하지 않는다는 겁니다.

02 플레이어들끼리 협동하게 만들기

당신의 게임을 사람들이 계속하게 만드는 다른 좋은 방법은, 플레이어들이 공통된 목표를 위해서 협동하도록 만드는 겁니다. 이렇게 만들면 더 흥미진진하면서 색다르게 플레이할 수 있으며 많은 플레이어들이 똑같은 방법으로 하진 않기 때문에 게임이 달라질 수 있습니다. 팀의 플레이어들이 가진 능력이나 이뤄야 하는 목표를 각각 다르게 만들면 게임플레이를 더 다양하게 만들 수 있을 겁니다.

03 새로운 레벨과 콘텐츠 출시하기

새로운 콘텐츠나 레벨을 계속해서 게임에 추가할 수 있습니다. 만약 10개의 레벨이 있는 오비 게임을 만들었는데 사람들에게 인기가 있다면 더 많은 레벨을 추가해서 계속 플레이어들이 돌아오도록 만드세요. 이 방법은 많은 유명한 게임들이 이미 사용하고 있는 방법이며 주마다 새로운 콘텐츠를 추가하는 방법은 게임 업데이트를 넘어서 게임 콘텐츠의 일부가 되어가고 있습니다.

04 배지와 개발자 상품

사람들은 물건을 수집하고 자신이 이룬 것을 남들에게 알리는 것을 좋아합니다. 이게 바로 배지가 좋은 이유입니다! 게임에서 특정한 목표를 달성하거나 특정한 시간 내에 게임을 깬 플레이어에게 주는 보상으로 배지를 만들 수 있습니다. 플레이어들은 특히 "개발자와 같이 놀았어요"나 "어드민을 만났어요"와 같은 배지를 특히 좋아합니다. 로블록스 직원들도 비슷한 배지를 에그헌트 이벤트 때 만들었습니다.

05 플레이어들과 소통하기

어떻게 플레이어들을 돌아오게 만들 수 있는지 모르겠다면, 플레이어들에게 피드백을 달라고 이야기해 볼 수 있습니다. 당신의 커뮤니티에 있는 사람들에게 물어보세요. 디스코드 서버에 들어가 보고 트위터 글을 올리거나 그룹을 만드는 등, 플레이어들을 한자리에 모아서 의견을 물어보세요.

마치면서

이제 당신의 게임을 멀티플레이어에 맞춰서 만들 준비가 됐습니다. 로블록스에 있는 최고의 게임, 가장 많이 플레이하고 가장 인기 있는 게임들은 모두 온라인에서 사람들과 같이 하는 게임들입니다.

CHAPTER 13

게임 마무리

첫인상을 바꾸는 것은 불가능합니다. 플레이어가 당신의 게임을 만지는 첫 순간은 바뀔 수 없는 경험이 됩니다. 당신이 무엇을 하든 간에 그들이 경험한 첫 몇 분을 되돌리는 것은 불가능합니다. 무료로 플레이가 가능한 간단한 로블록스 게임들에게 있어서 첫인상을 줄 수 있는 처음 몇 초는 정말, 가장 중요합니다.

하지만 좋은 첫인상을 만드는 만큼 중요한 것은 게임을 어떻게 완성하느냐입니다. 지루하거나 나쁘거나 뻔한 엔딩은 좋은 게임을 망칠 수 있습니다. 어떻게 게임 개발을 마무리하는지 알게 되면 이러한 상황을 피하실 수 있을 겁니다. 이번 챕터에서는 다음과 같은 것을 알아보겠습니다.

- 추가로 모델을 수정하는 방법
- 커스텀 오디오 추가하기
- 하늘 바꾸기
- 점수판 넣기
- 게임을 완성해서 공개하기

계속 수정하고 변경하기

당신의 게임이 돋보이도록 만드는 것은 매우 중요하지만 이를 위해서 모든 것을 바꿔야 하는 건 아닙니다. 당신의 게임이 어떻게 보여야 하는지 잘 알고 있고 도구상자에 있는 아이템으로 만들 수 있다면 그대로 사용하시면 됩니다.

동시에 도구상자에 있는 아이템만 사용하는 건 피하세요. 만약 특정한 종류의 차량이나 색상을 도구상자에서 찾지 못한다면 어떻게 수정하고 직접 만드는지 알아야 합니다.

이 책에서 설명한 것처럼 첫 게임을 만들 때는 수정을 많이 하지 않은 것에 대해서 부끄러움을 느낄 필요는 없습니다. 첫 번째로 만든 게임이 독창적이지 않더라도 괜찮습니다! 배우고 있으니까요! 미래에 만들 게임에서 무엇을 개선할 수 있을지를 안다면 제대로 하고 있는 겁니다.

만약 당신만의 모델을 만드는 데 관심이 있다면 Blender 3D나 Unity 3D 아니면 Unreal Engine을 알아보는 것을 추천합니다. 이 3개의 프로그램과 로블록스 스튜디오를 같이 활용하면 더 많은 종류의 오브젝트들과 모델을 게임에 추가할 수 있습니다. 저런 프로그램을 배우는 것은 책이 여러 권 필요하고, 저희가 이 책에서 배우려는 것도 아닙니다.

하지만 당신의 게임을 수정하고 싶은 순간이 올 겁니다. 이 과정을 로블록스에서 하는 건 간단하며 첫 단계는 매우 쉽습니다. 로블록스 스튜디오 도구상자에 있는 것을 수정하는 겁니다.

도구상자에 있는 아이템 수정하기

도구상자에서 가져온 말 ⓒROBLOX CORPORATION

게임에 간단한 커스터마이징 요소를 넣는 방법은 챕터 6에서 배운 대로, 로블록스 스튜디오에서 이미 만들어져서 바로 사용이 가능한 물건을 가져오는 겁니다. 이해를 돕기 위해서 몇 가지를 해봅시다. 도구상자에서 "Horse"를 검색하세요. 사진에 나오는 말은 제가 도구상자에서 찾은 겁니다. 도구상자에서 말을 꺼내서 Castle 템플릿에 넣었습니다.

사진의 말은 상대적으로 평범하게 생겼네요. 멋진 검은 안장 등 평범한 말에게 기대할 요소가 모두 있습니다. 그런데 만약 이 말을 무리의 리더로 만들고 싶다면요? 그렇다면 평범한 말보다는 약간 더 화려하게 만들어야겠지요?

말에 이러한 느낌을 주기 위해서 몇 가지 색을 바꿔보면 약간 더 눈에 띌 겁니다. 한번 안장 부분의 색을 바꾸고 말굽을 황금색으로 바꾸거나 고삐를 금으로 칠해보세요. 이런 약간의 수정만으로도 전보다 말이 크게 달라 보일 겁니다. 그다음 평범한 말 몇 마리를 넣어서 무리를 만들면 됩니다. 다 끝나고 나면 여행을 떠날 준비가 된 말 무리들처럼 보일 겁니다! 이 사진을 보면 약간의 수정만으로 어떻게 멋지게 바꿀 수 있는지 알 수 있습니다.

약간씩 수정한 말 3마리 ©ROBLOX CORPORATION

로블록스 스튜디오에서 할 수 있는 수정은 광범위합니다. 수정 전 말 사진에 나온 것처럼 탐색기 창을 보세요. 여기서 오브젝트를 개별 객체 선택하여 수정할 수 있으며 심지어 스크립트를 수정해서 행동을 바꿀 수도 있습니다. 챕터 4에서 오비 게임의 시간을 돌려서 하늘을 바꾼 것과 챕터 9에서 좀비 스크립트를 어떻게 바꿨는지 기억하시나요? 창의력과 인내심 그리고 컴퓨터를 다루는 기술만 있다면 당신의 로블록스 게임을 커스터마이징하는 것은 그다지 어렵지 않을 겁니다. 그리고 당신만의 모델을 로블록스에서 만들고 싶다면, 물론 가능합니다. 더 자세한 내용은 챕터 6을 확인하세요.

게임 오디오와 사운드

게임의 배경 음악과 사운드 이펙트는 개발 과정에서 중요한 부분입니다. 게임에서 플레이어가 문을 닫거나 총을 쏠 때 아무런 소리도 안 난다면 아직 게임이 완성되지 않았다는 뜻입니다. 로블록스는 APM Music과 파트너십을 맺어서 로블록스 플랫폼으로 대량의 음악을 가져왔습니다. 로블록스 웹사이트에서 만들기에 가서 크리에이터 마켓플레이스에서 로블록스가 올린 오디오를 한번 찾아보세요.

크리에이터 마켓플레이스에서 오디오 찾기 ©ROBLOX CORPORATION

01 나만의 오디오 올리기

게임을 꾸미는 가장 좋은 방법 중 하나는 로블록스에서 사용 가능한 스톡 오디오와는 다른 커스텀 오디오를 사용하는 것입니다. 상황에 맞는 음악이나 사운드 이펙트를 사용하는 것이 한 번만 하고 마는 게임과 플레이어들이 계속 돌아오는 게임의 차이를 만들어낼 수 있습니다.

로블록스에서 새로운 오디오를 올리는 것은 무료이며 올라오는 모든 오디오는 모든 연령에 적합한지 확인을 받습니다. 모든 연령에 적합해야 하는 것 외에도 길이가 7분 이상을 넘겨서는 안 되고 용량은 19.5MB를 초과할 수 없습니다. 업로드 비용은 파일 크기, 길이, 아니면 어떤 사운드가 들리는지에 따라서 정해집니다.

오디오를 올리려면 로블록스 웹사이트에 가서 만들기에 간 다음 사이드 메뉴에서 Audio로 들어갑니다(바로 Audio가 포함된 화면이 안 나온다면 내 체험 관리를 누르세요!). 여기서 음악이나 사운드 이팩트를 올리고 이름을 입력하면 됩니다. 그럼 로블록스 시스템이 업로드 비용으로 로벅스가 얼마나 필요한지 알려줄 겁니다.

로블록스 스튜디오에서도 오디오 파일을 올릴 수 있는데, 보기 메뉴에서 애셋 관리자로 가면 바로 오디오 파일을 올릴 수 있습니다. 물론 여기도 업로드 비용이 필요합니다.

02 로블록스에 이미 있는 오디오 활용하기

로블록스에 이미 올라온 사운드를 사용하고 싶다면 모델을 불러오는 것처럼 로블록스 스튜디오 도구상자를 이용하면 됩니다.

03 나만의 오디오 만들기

만약 나만의 오디오나 음악을 만드는 데 관심이 있으시다면 컴퓨터에 오디오 툴을 설치하는 것도 좋습니다. 저는 무료툴인 Audacity를 추천합니다. 로블록스에는 OGG와 MP3, 오직 두 가지 오디오 파일만 업로드가 가능합니다. Audacity는 사운드와 이펙트 그리고 음악을 추출할 수 있습니다.

게임 내 하늘 바꾸기

로블록스 게임에 있는 기본 하늘은 그리 나빠 보이지 않습니다. 맑고 푸른 하늘과 구름 한 줌, 그리고 떠오르는 태양은 대부분의 게임에서 볼 수 있는 하늘입니다. 하지만 약간 다른 느낌을 주고 싶을 겁니다. 우리는 챕터 4에서 어떻게 기본 하늘의 시간을 바꿀 수 있는지 배웠습니다. 그때는 푸른 하늘을 어둡게 바꿨지만 이번에는 아예 다른 하늘을 사용하고 싶으실 겁니다. 다행히도 로블록스 스튜디오에서는 가능합니다!

01 스카이박스 알아보기

먼저 로블록스에서 하늘이 어떻게 작동되는가부터 이해해야 합니다. 대부분의 게임들처럼 로블록스는 스카이박스를 이용하는데, 이렇게 불리는 이유는 게임에 있는 하늘이 맵을 사진들로 감싸서 하늘이라는 착시현상을 준 것이기 때문입니다. 스카이박스에 사용되는 이미지들은 제대로 작동되도록 만들어야 하기 때문에 처음부터 만들기는 어렵습니다. 스티커를 정확하게, 주름 없이 붙이는 것이 얼마나 짜증 나고 화나는지, 아니면 화면 보호필름을 휴대폰에 붙일 때 얼마나 힘든지를 생각해보세요. 마찬가지로 거대한 사진들이 서로 딱 맞춰서 3D 하늘을 만들어야 한다고 생각해보세요, 쉽지 않습니다!

02 새로운 스카이박스 가져오기

구글이나 로블록스 스튜디오 도구상자에서 멋진 스카이박스를 많이 찾을 수 있습니다.
검색창에 "skybox"를 검색을 하고 새로운 걸 클릭하면 프로그램이 자동으로 당신의 게임의 하늘을 바꿀 겁니다.

점수판 추가하기

마무리 작업에서 가장 중요한 것 중 하나는 거의 모든 게임에 점수판을 넣을 수 있다는 겁니다. 여러 플레이어들이 경쟁을 할 때 얼마나 많은 점수를 획득했고 누가 이기고 있는지 알아야 하니까요!

로블록스에서 점수판을 넣으려면 약간의 스크립트가 필요한데, 로블록스 웹사이트나 로블록스 스튜디오 도구상자에서 사용 가능한 것들이 있습니다. 이번 예시에서는 로블록스가 업로드한 공식 점수판 스크립트를 이용하겠습니다. 이 링크에서 찾을 수 있습니다: www.roblox.com/library/53310/Leaderboard

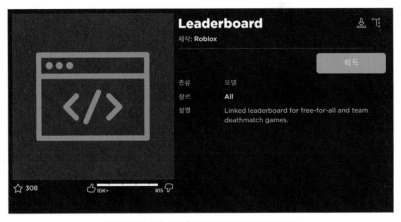

로블록스 점수판 스크립트 ⓒROBLOX CORPORATION

이 스크립트를 사용하면 접속한 플레이어 목록과 플레이들이 얼마나 "K.O" (Knockout의 줄임말)시켰는지, 그리고 얼마나 죽었는지(Wipeout라고도 함) 숫자로 표시하는 점수판이 화면 상단 오른쪽에 생성됩니다.

이 스크립트를 사용하는 두 가지 방법이 있습니다.

1. 로블록스 라이브러리 페이지 링크에 접속해서 모델 획득하기. 로블록스 스튜디오에서는 도구상자의 인벤토리에서 내가 만들거나 획득한 모델을 볼 수 있는

내 모델을 클릭하면 로블록스가 만든 "Leaderboard"가 나타납니다.

2. 또 다른 방법은 로블록스 스튜디오에 있는 도구상자에서 "leaderboard"를 검색하면 수많은 검색 결과가 나오는데, 이중 "로블록스"라는 유저가 만든 것을 찾으면 됩니다.

스크립트를 도구상자에서 찾은 다음 클릭을 하면 자동으로 게임에 추가됩니다. 로블록스 스튜디오의 오른쪽에 있는 탐색기에 "LinkedLeaderboard"라고 나올 겁니다(스크립트 내용은 너무 길어서 책에 담기에는 힘듭니다).

추가한 점수판은 이렇게 생겼습니다 ⓒROBLOX CORPORATION

보시다시피 이 스크립트는 좀 낡았고 K.O를 기록하는 것에는 좀 문제가 있지만 죽는 것을 기록하는 건 문제없습니다. 나머지를 어떻게 할지는 당신이 어떤 게임을 만들고 싶은지에 따라서 달라집니다.

게임 공개를 위한 마무리

오비 맵, 레이싱 게임, 액션 게임 아니면 어드벤처 게임이든 간에 게임 개발을 끝냈으면 온라인에 있는 사람들이 해도 된다는 상태라는 거죠. 그렇다면 로블록스에 게시할 차례입니다! 마지막 단계는 엄청 간단하며 로블록스에 모델을 올리는 것과 비슷합니다. 간단하게 아래의 단계를 거치면 됩니다

1. 게임이 제대로 작동하는지 3번 확인해보세요.
2. 로블록스 스튜디오 상단 왼쪽에 있는 파일 버튼을 누르고 다른 이름으로 Roblox에 저장을 눌러서 프로젝트 복사본을 백업합니다. Roblox에 저장을 눌러서 클라우드 저장을 할 수도 있습니다.
3. 다시 로블록스 스튜디오 상단 왼쪽에 있는 파일 버튼을 누르고 Roblox에 게시, 혹은 Roblox에 다른 이름으로 게시 옵션을 누릅니다. 만약 이 게임을 한 번도 게시한 적이 없다면 두 개 다 같은 창으로 이어질 겁니다.
4. 게임에 대한 내용을 적습니다. 게임에 좋은 이름을 붙이고, 자세한 설명을 적어주세요. 적절한 장르를 선택하고 어떤 플랫폼에서 플레이할 수 있는지 골라주세요.

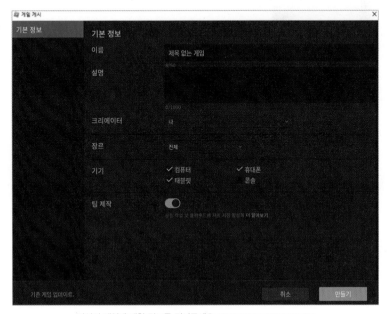

당신의 게임에 대한 정보를 적어주세요 ©ROBLOX CORPORATION

5. 이제 사진처럼 창이 뜰 겁니다. 이름이나 설명과 같은 게임에 대한 기본 정보를 적고, 장르에서 알맞은 것을 선택하세요. 로블록스에서 다른 플레이어들이 어떻게 했는지 보면 감이 잡힐 겁니다.

6. 당신의 게임을 할 수 있는 플랫폼을 컴퓨터나 휴대폰, 태블릿 아니면 콘솔 중에서 고르거나 전부 선택할 수 있습니다.

썸네일이나 아이콘, 얼마나 많은 플레이어가 서버에 접속이 가능한지 설정하기 위해서는 파일 탭의 게임 설정에 가야 합니다. 여기서는 다양한 고급 옵션을 볼 수 있는데, 얼마나 많은 사람이 접속할 수 있는지, 그리고 비공개 서버의 가격을 정할 수 있습니다. 또한 어떤 종류의 아바타가 허용되는지, 어떤 도구를 게임에 들고 올 수 있는지도 설정이 가능합니다.

고급 게임 설정 ©ROBLOX CORPORATION

설정을 맞췄으면 파일에서 다시 Roblox에 게시하기를 눌러서 설정을 저장하세요. 그러면 게임에 게시되어 로블록스에 있는 모든 사람들이 할 수 있게 됩니다!

이제 어떻게 로블록스에서 게임을 수정하고 마무리하는지 배웠으니 당신만의 개성을 넣는 방법도 아셨을 겁니다. 로블록스 스튜디오가 제공하는 기능을 더 자세히 알아보면 게임을 수정하는 방법이 많다는 것을 알 수 있습니다.

이제 마지막 챕터가 남았군요. 마지막 챕터에서는 어떻게 로블록스 게임으로 돈을 벌 수 있는지 알아볼 겁니다.

CHAPTER 14

로블록스에서 돈 벌기

마지막 챕터는 어떻게 로블록스에서 현금을 만들 수 있는지 알아볼 겁니다. 수천 개의 게임을 무료로 플레이하고 만들어서 온라인에 있는 사람들과 같이 할 수 있다는 건 모두가 아는 사실이지만, 이걸 통해서 진짜 돈을 벌 수 있다는 것도 아셨나요? 마지막 챕터에는 다음과 같은 것을 다룹니다.

- DevEx (개발자 환전)
- 내가 만든 게임에서 돈 벌기
- 아이템 거래
- 프로모션 링크 이용하기
- 사기 사이트와 게임 피하기

로벅스가 뭔가요?

로블록스는 가상 화폐인 로벅스를 기반으로 돌아가기 때문에 게임을 통해서 돈을 버는 것은 다른 유저에게 물건을 파는 것보다 약간 더 복잡합니다. 유저는 로블록스(게임 자체)에게 실제 돈을 내고 로블록스 내에서만 사용이 가능한 가상 화폐인 로벅스를 받습니다. 그럼 유저는 로블록스 내의 것들에 로벅스를 사용하는 거죠. 만약 누군가 만든 아이템을 샀다면 (아니면 로블록스 개발자가 만든 아이템을) 구입할 때 사용한 로벅스 중 일부를 받게 됩니다.

유저가 충분한 로벅스를 모았다면 개발자 환전 프로그램인 DevEx을 통해서 현금으로 교환이 가능합니다. 다시 말해서, 현금으로 바로 받는 것이 아닌 로벅스를 받아 현금으로 교환하는 겁니다. 상장 스티커를 모아서 상품으로 교환하는 것과 비슷합니다. 대신 상품으로 교환하는 게 아니라 돈을 받지만요. 로블록스에서 잠재적으로 돈을 만들 수 있는 다양한 방법이 있으니 이번 챕터에서는 그러한 방법들에 대해서 다루어 볼 겁니다.

 # 로블록스에서 돈을 버는 건 쉽지 않습니다.

로블록스에서 실제적으로 돈을 벌 수 있는 단계까지 오는 것은 매우 힘듭니다. 이 책에서 가르쳐준 대로 간단한 게임 몇 개를 만들 수 있다고 로블록스에서 돈을 벌 수 있다는 게 아니라는 이야기입니다. DevEx를 이용해서 로벅스를 현금으로 바꾸기 위해서는 몇 가지 조건을 충족해야 합니다. 일단 먼저 부모님은 스스로나 아이들이 벌 돈에 대한 세금 신고를 해야 합니다.

일단 좋은 게임 계획이 있고 어떻게 만드는지 알고, 심지어 만든 게임을 사람들이 하고 있다고 해서 바로 돈을 벌 수 있다는 뜻은 아닙니다. 로블록스를 플레이하고 여기서 게임을 만드는 것에 관심이 있다는 게 합당한 이유가 될 수 있을지 생각해 보세요. 불행히도, 이러한 이유로는 빠르게 돈을 벌 수 없습니다.

그렇지만 어쨌든, 로블록스에서 돈을 버는 것은 가능합니다. 이제 한번 시작해봅시다!

이미 만들어진 게임에서 돈 벌기

로블록스에서 대부분의 사람들은 게임을 하는 데 시간을 씁니다. 친구들과 대화하고 메시지를 보내고 아이템을 거래하고 캐릭터를 꾸미는 등, 다양한 것들을 할 수 있으며 로블록스 스튜디오에서 뭔가를 만들 수도 있지만 수많은 사람들이 가장 재미를 느끼는 곳은 단순하게 로블록스 게임을 하는 것입니다.

로블록스에서 게임을 만들어서 돈을 버는 가장 좋은 방법은 접속 권한을 팔거나 게임패스를 팔고, 개발자 상품을 파는 겁니다. 설명한 것 중에서 하나만을 사용하는 것은 3개 전부를 하거나 다른 조합을 사용하는 것보다 덜 효과적이니 당신이 시도해보려는 변화가 합리적인지 생각해보세요.

01 접속 권한을 로벅스 받고 팔기

로블록스에서 가장 흔하고 많이 알려진 돈을 버는 방법은 게임을 하고 싶은 사람들로부터 직접 버는 겁니다. 로블록스에 접속해서 게임들을 살펴보면 대부분의 게임들은 무료로 오픈되어 있습니다. 들어가서 플레이 버튼만 누르면 게임을 할 수 있습니다.

테마파크 타이쿤 2를 플레이할 수 있는 페이지 ©로블록스 유저: DEN_S

사진에 나오는 것처럼, 테마파크 타이쿤 2는 무료로 플레이가 가능합니다. 버튼만 누르면 플레이가 가능하지요! 로블록스에 게임을 만든다면 사람들이 뭘 하든 간에 무료로 플레이가 가능하도록 설정됩니다.

하지만, 사람들이 플레이하기 위해서 돈을 내도록 바꾸는 것도 가능합니다. 플레이 버튼 대신에 플레이하기 위해서 내야 하는 로벅스 금액이 표시됩니다.

블록스부르크에 오신 걸 환영해요 페이지 ©로블록스 유저 : COEPTUS

예를 들어서 블록스부르크에 오신 걸 환영해요를 보면 이 게임을 하기 위해서 25 로벅스가 계정에 있어야 플레이가 가능하다는 것을 알 수 있습니다. 저 버튼을 누르면 당신의 계정에서 적힌 로벅스만큼 빼가며, 한 번 구매했으면 플레이하기 위해 다시 구매할 필요는 없습니다. 휴대폰이나 다른 게임을 살 때처럼 한 번 구입을 하면 언제나 플레이가 가능합니다.

이 방법은 로블록스에서 돈을 버는 가장 일반적인 방법이지만 최선은 방법은 아닌 것이, 한번 게임 접속 권한을 사면 게임에 다시 돈을 쓰지 않아도 되기 때문에 장기적으로 돈을 벌기는 힘들기 때문입니다.

이러한 유형의 판매 전략은 전통적인 "상점에서 게임 사서 집에서 플레이하기" 방법에 더 가깝습니다. DLC나 소액 결제가 있기 전에는 게임을 사서 플레이하였는데 만약 당신의 게임이 완벽하다면 좋은 판매 전략이지만 완벽하지 못하다면 게임이 재미가 없다는 걸 모르고 돈을 낸 사람들을 화나게 만들 것입니다.

02 게임패스

로블록스 스튜디오로 만든 게임으로 돈을 버는 다른 방법은 게임패스 기능을 사용하는 겁니다. 휴대폰이나 컴퓨터, 플레이스테이션이나 Xbox, 닌텐도와 같은 콘솔에 있는 게임에서 DLC라는 것을 보셨을 겁니다. DLC는 "다운로드 가능한 콘텐츠"를 의미하는데, 게임패스는 DLC와 비슷합니다.

게임패스는 어떻게 돌아가냐고요? 플레이어가 게임을 구입했거나 무료로 플레이할 때, 게임에 있는 상점이나 게임페이지에 있는 상점에서 돈을 주고 게임패스를 사면 게임에서는 구할 수 없는 다양한 종류의 혜택을 주는 방식으로 돌아갑니다. 예를 들자면 럼버 타이쿤 2의 게임패스들이 있습니다.

럼버 타이쿤 2에서 살 수 있는 게임패스들 ⓒ로블록스 유저: DEFAULTIO

이 게임에서 살 수 있는 게임패스들은 슈퍼 설계도, 슈퍼 다리 그리고 슈퍼 후브가
있습니다. 슈퍼 설계도와 같은 게임패스를 클릭해보면 해당 아이템에 대한 정보를
설명하는 페이지로 이동합니다.

럼버 타이쿤 2 슈퍼 설계도 게임패스 ⓒ로블록스 유저: DEFAULTIO

이 게임패스를 구입하면 럼버 타이쿤 2에서 목재 하나로 설계도를 채워서 건물을
만들 때 더 빠르게 건축할 수 있습니다. 목재를 더 많이 캐오는 노력을 할 필요가
없어지는 거죠. 게임 내에서는 가지고 있던 설계도와 설계도 화면이 황금색으로 바
뀌는데, 보시다시피 Defaultio는 이 게임패스를 게임에서 큰 창작물이나 건물 만들
기를 좋아해서 하루종일 만들고 있는 사람들을 대상으로 만들었습니다. 사람들이
이 게임패스를 샀을 때 가장 많은 이득을 볼 수 있을 겁니다.

럼버 타이쿤 2에 있는 다른 게임패스는 다른 혜택을 주는데, 다음과 같습니다.

☆ 슈퍼 다리는 게임 내의 주요 두 섬을 연결하는 다리를 지날 때마다 200머니를 낼 필요 없이 건너게 해줍니다.

☆ 슈퍼 후브는 게임 메인 섬에서 열대 섬으로 가는 페리를 400머니를 내지 않고 타게 해줍니다.

몇몇 개발자들은 Tip Jar(팁)과 비슷한 형태의 게임패스를 만드는데, 게임을 마음에 들어 하는 플레이어들이 개발자에게 기부할 수 있도록 해줍니다.

게임패스를 만들 때에는 어떠한 유형의 사람들을 대상으로 게임패스를 만들려고 하는지 정하는 것이 중요합니다. 다시 말해서 대상한 사람들이 무엇에 관심 있는지 알아야 한다는 겁니다. 예시를 들자면, 오비 게임에서 생명이 바닥났을 때 처음부터 시작할 필요가 없도록 무한 생명 게임패스를 파는 건 말이 되지만 라디오 게임패스 같은 걸 파는 건 말이 안 되겠지요.

03 개발자 상품

게임패스는 플레이어가 한 번만 구입할 수 있지만 개발자 상품은 동일한 유저가 여러 번 구입할 수 있습니다. 당신이 만든 게임에 개발자 상품을 추가할 수 있는 방법은 다양합니다.

① 편의성 아이템

개발자 상품을 통해서 개발자는 플레이어들에게 게임 내 재화와 같은 것을 판매할 수 있습니다.

예를 들자면 전사로 플레이하는 게임을 로블록스에서 하고 있는데, 골드가 없어서 마을에서 새로운 검을 살 수 없다고 생각해보세요. 개발자는 게임에서 느리게 골드를 버는 대신 로벅스를 내면 빠르게 골드를 가지도록 만들 수 있습니다. 이러한 종류의 아이템들을 게임을 더 쉽고 덜 짜증 나게 만들기 때문에 보통 편의성 아이템이라고 불립니다.

편의성 아이템 예시 ⓒROBLOX CORPORATION

사진의 예시처럼 개발자 상품은 로벅스를 사용해서 플레이어가 게임 내 재화를 구매하도록 만들 수 있습니다.

04 플레이 횟수 제한

개발자 상품을 다른 방식으로 사용할 수도 있는데, 예시를 들자면 로블록스에는 제한된 횟수만큼만 무료로 게임을 할 수 있는 게임이 있고 이 게임을 하는 플레이어가 게임을 더 하고 싶다면 개발자 상품을 구입해서 더 할 수 있도록 만들 수 있습니다. 이것은 오락실 기계의 코인 시스템하고 비슷합니다.

한정판 아이템 팔고 거래하기

로블록스를 하다 보면 한정판 한번쯤 아이템을 보실 겁니다. 한정판 아이템은 로블록스 개발자가 유저들에게 제한한 숫자만큼만 파는 아이템들입니다. 더 이상 생산하지 않는 레고 세트나 포켓몬 카드랑 비슷합니다. 플레이어로서 한정판 아이템을 얻었다면 자랑스러운 매우 희귀한 아이템 주인이 될 수 있습니다. 대부분의 사람들이 자신이 좋아하는(로블록스 같은) 것과 관련된 희귀한 아이템을 모으는 것을 좋아한다는 것을 생각해보면, 진짜 멋진 한정판 아이템을 놓치는 것이 얼마나 짜증 나고 실망스러운 일인지 알 수 있을 겁니다.

수많은 사람 중 극히 일부만이 한정판 아이템을 가질 수 있는데, 이것은 로블록스가 특정한 아이템의 희소가치를 높이기 위해서 의도한 겁니다. 특별 프로모션의 일환으로 일주일 동안 새로운 모자를 딱 천 개만 판다고 생각해보세요. 수백만 명의 사람들이 로블록스를 하니까 대다수의 사람들은 그 모자를 가질 수 없을 겁니다.

여기서 바로 로블록스에서 판매와 거래가 이루어집니다. 로블록스에서 만든 한정 아이템을 샀다면, 당장 팔지 말고 아이템 판매가 종료될 때까지 몇 달을 기다려보세요. 그러면 처음에 당신이 산 가격보다 더 높은 돈을 주고 아이템을 사려는 사람을 찾을 수 있을 겁니다. 다만 이 전략에는 몇 가지 단점이 있습니다.

☆ 보통 오르기는 하지만, 구매한 한정판 아이템의 가치가 미래에 더 오를 것이라는 보장은 없습니다.

☆ 당신이 팔고 싶은 아이템을 사거나 거래하려는 사람을 찾기 힘들 수도 있습니다. 로블록스에 있는 거래 그룹에 가입하면 거래할 사람들을 찾기 쉽습니다.

로벅스 사기 피하기

이제 로블록스에서 어떻게 돈을 버는지 알았으니 로블록스에서 절대로 돈을 벌 수 없는 방법에 대해서 아셔야 합니다. 인터넷상의 몇몇 사람들은 당신을 속이고 거짓말을 하기 때문에 항상 신중하고, 로블록스와 같은 멀티플레이어 게임을 하거나 온라인에서 모르는 사람하고 대화할 때 조심해야 합니다. 이제부터 저는 로벅스로 당신을 속이려는 상황을 사기라고 부르겠습니다.

로블록스에서 가장 흔한 사기 수법은 게임 코멘트나 채팅, 또는 플레이어에게 보내는 메시지에서 일어납니다. 많은 계정들이 플레이어들에게 "무료 로벅스 얻는 법"에 관한 메시지를 보내는데, 절대로 믿지 마세요. 메시지의 내용은 보통 당신에게 아이디와 비밀번호를 알려주거나, 아니면 링크를 누르면 무료 로벅스를 얻을 수 있다고 이야기를 하는데, 절대로 믿으면 안 됩니다. 로블록스에서 로벅스를 얻는 방법은 구입하거나 프리미엄에 가입하는 것뿐입니다. 만약 누군가 당신에게 어디 사이트에 들어가거나 가입을 하면 무료 로벅스를 얻을 수 있다고 이야기를 하면 명백한 사기입니다.

그리고 로블록스 사이트의 둘러보기에서 게임을 보다 보면 게임 내에서 아이디와 비밀번호를 적으면 무료로 로벅스를 얻을 수 있다는 게임을 볼 수 있는데, 이것 또한 사기입니다. 절대로, 무슨 일이 있어도 다른 사람들에게 비밀번호를 주지 마세요. 100퍼센트 사기이며 이러한 방법으로는 절대로 로벅스를 가질 수 없습니다.

"이 링크에 들어가보세요" 아니면 "이 웹사이트에 접속해보세요" 라고 말하는 사람들을 볼 때마다 명심하세요. 너무 좋은 조건이라 진짜라고 믿기 어렵다면, 당신이 맞습니다. 온라인에게 안전하게 계정을 보호하는 것에 대해서 더 자세히 알고 싶다면 부모님에게 물어보세요.

다 끝났습니다! 이 책을 완전히 마스터했습니다! 축하합니다. 이제 한번 나가서 멋진 게임을 만들어보세요!

부모님들을 위한 Q&A

여기는 로블록스에 대해 궁금해하는 부모님이나 보호자들을 위한 일반적인 질문을 담았습니다.

로블록스는 어떻게 작동되나요?

로블록스는 이렇게 돌아갑니다.

- 새로운 사용자는 계정을 만들 때 게임 내에서 자신을 대표할 아이디를 만들게 됩니다. 만 13세 이하의 이용자는 채팅이나 게임 접속 권한에서 제한을 받지만 그 이상의 사용자는 제한을 받지 않습니다.

- 게임 내에서 사용자들은 채팅이나 개인 메시지를 통해서 대화를 하며 대화가 가능한 상대를 제한할 수 있습니다.

- 모든 사용자들은 자유롭게 건물을 짓고 게임을 만들 수 있는 가상의 땅인 "게임" 공간을 부여받습니다.

- 다른 이용자가 만든 게임을 할 때 이용자들은 아이디와 캐릭터로만 구별됩니다.

- 이용자들은 현금으로 로벅스(R$이나 황금색 동전으로 표기)라는 게임 내 화폐를 구입하여 프리미엄 콘텐츠나 특수 아이템과 같은 게임 내 혜택을 살 수 있습니다.

- 만 13세 이상의 이용자는 아이템을 팔아서 로벅스를 얻을 수 있으며 개발자 환전 프로그램 DevEx를 통해서 로벅스를 현금으로 교환할 수 있습니다.

사용자가 계정을 만들 때, 이름이나 나이 그리고 이메일 주소와 같은 개인정보를 제공해야 하지만 로블록스는 절대로 개인정보를 다른 유저들에게 보여주거나 제공하지 않습니다. 개인정보는 로블록스를 하기에 적합한지 확인하기 위해서만 사용됩니다. 만 13세 이하의 사용자들은 부모님의 동의가 있어야 계정 생성을 완료할 수 있습니다. 당신의 아이가 만 13세 이하이며 로블록스를 한다면 아이의 계정이 만

13세 이상 콘텐츠로부터 보호받고 있는지 확인할 수 있습니다. 로블록스 사이트 상단 오른쪽, 아이디 옆에 13+ 표시가 없어야 합니다. 있다면 보호받고 있지 않은 겁니다.

13+ 표시 ©ROBLOX CORPORATION

로블록스의 개인정보 정책은 어떤가요?

로블록스의 개인정보 정책과 쿠키 정책은 사용자의 개인정보가 어떻게 사용되고 공유되는지 설명하기 위해 만들어졌습니다. 정책의 변경 사항이나 기능을 설명하기 위해서 지속적으로 업데이트가 되고 있으며 새로운 쿠키 정책은 미국 아동 온라인 프라이버시 보호법인 COPPA의 규칙과 법률을 따릅니다. 정책에 대해서 더 알고 싶다면 www.roblox.com/info/privacy를 방문해주세요.

로블록스는 사용자로부터 어떤 정보를 모으나요?

로블록스는 게임을 하는 사용자들의 몇 가지 정보들을 모읍니다. 쿠키 추적, 비콘, 스크립트 그리고 태그와 같은 기술들은 사용자의 기호와 성향을 분석하기 위해서만 사용됩니다. 이런 기술을 통해서 게임에서 오류가 나거나 튕겼을 때 로블록스로 오류 기록을 전달하여 왜 일어났는지 분석하고 문제를 고치도록 해줍니다.

사이트에서 부모님은 어떠한 종류의 관리가 가능한가요?

만 13세 이하의 아이들은 계정을 만들 때 부모님의 이메일을 적는 것이 필수이며, 만든 다음에는 계정을 관리할 수 있는 링크가 포함된 이메일을 받게 됩니다. 하지만 13세 이하의 아이라고 해도 가짜 생일로 계정을 만들어서 이러한 보호 조치를 피할 수 있으니 아이들이 컴퓨터나 온라인에서 하는 활동을 감독하는 것은 부모님과 보호자에게 달려있음을 명심해주세요. 만약 당신이 만 13세 이하이고 이걸 읽고 있다면 부모님이나 보호자에게 이 내용을 설명해주세요. 계정이 밴 당하는 위험을 감수하지 않기를 바랍니다.

만약 아이가 만 13세 이하라면 프라이버시 모드(Privacy Mode)로만 로블록스를 플레이할 수 있습니다. 이 기능은 특정 단어나 다른 사용자가 아이가 게임 밖에서 직접적으로 대화하는 것을 제한해주며 채팅 기능과 메시지들 또한 아이가 개인정보를 유출하지 못하도록 검열해줍니다. 게임 내 모든 채팅은 인간과 컴퓨터의 조합으로 욕설, 성적인 언어 그리고 외설적인 내용과 같은 부적절한 것들을 검열합니다. 내 설정의 개인정보 페이지를 보면 당신의 아이가 게임 내에서 누구와 대화가 가능하고 게임 초대를 보낼 수 있는지 설정이 가능합니다. 첫 번째 설정은 연락처 설정으로 자동으로 기본으로 설정되어 있습니다. 기본 설정은 친구하고만 메시지와 대화가 가능하도록 되어 있지만 게임 내에서는 친구가 아닌 사람들도 아이하고 대화할 수 있습니다. 여기서 누가 아이에게 메시지를 보낼 수 있는지, 사이트에서 누구랑 대화할 수 있는지 그리고 게임에서 누구랑 채팅이 가능한지 설정이 가능합니다. 기본 설정이 마음에 안 든다면 바꾸시면 됩니다.

다른 설정에서는 누가 아이를 비공개 서버로 초대하고 게임에 참여할 수 있는지 설정이 가능합니다. "누가 내게 메시지를 보낼 수 있나요?"나 "누가 나와 채팅할 수 있나요?"와 같은 설정들은 기본적으로 친구로 설정이 되어 있지만, 어떤 설정이 적합하다고 생각하느냐에 따라 아무도 못 하게 막거나 완전히 필터링을 끌 수 있습니다.

만약 로블록스에 대한 질문이나 요구사안이 있거나 정보가 필요하다면 info@roblox.com을 통해서 로블록스에게 연락할 수 있습니다.

로블록스가 SNS와 연동되나요?

가능하지만 필수는 아닙니다. 계정 정보 설정에 있는 소셜 네트워크에서 페이스북, 트위터, 유튜브 아니면 트위치 계정과 연동이 가능합니다.

여기서 SNS와 연동할 수 있습니다 ©ROBLOX CORPOARTION

이러한 SNS로 연결되는 링크는 친구나 아이를 팔로우하는 사람, 내가 팔로우하는 사람, 모두 아니면 아무도 못 보도록 설정이 가능합니다. 만약 아이의 계정이 연동이 되었다면 게임에서 이룬 도전과제와 같은 것이 포스트되게 만들 수 있습니다. 로블록스로 페이스북에 들어가서 연동을 하고 프로필이나 유튜브 채널에 링크를 올려서 친구들과 팔로워가 볼 수 있도록 해보세요.

아이가 실수로 부적절한 내용을 볼 수 있나요?

로블록스의 보호 정책은 부적절한 내용을 검열하는 데에는 뛰어나지만 완벽하지는 않습니다. 몇몇 사용자들은 문제가 없어 보이는 게임을 만들고는, 관리자와 검열을 우회해서 부적절한 내용을 집어넣기도 합니다. 이러한 게임에서는 외설적이거나 욕설 아니면 과도하게 잔인한 성인 주제가 나올 수 있습니다. 로블록스만 이러한 문제에 시달리는 것은 아니라는 것을 명심해주세요. 인터넷은 열려있는 공간이라서 해로운 것을 만날 수도 있습니다. 완벽한 검열이나 사이트는 불가능합니다.

일반적으로 부적절한 내용들은 바로 신고되어 삭제되거나 빠르게 검열됩니다. 하지만 부적절한 내용을 아이들이 보고 읽고 들을 가능성은 있습니다.

로블록스는 미성년자를 보호하기 위해서 무엇을 하나요?

로블록스는 사이트와 사용자 경험 그리고 게임 프로그램 부분에서 kid-SAFE—CERTIFIED 인증을 받았습니다. 이것이 뭘 뜻하냐면, 독립적인 안전 인증 서비스 kidSAFE가 온라인 안전 및 개인정보 보호 표준을 맞춘 프로그램에게 주는 인증 표시를 받았다는 의미입니다.

또한 로블록스는 레벨 2 kidSAFE + COPPA—CERTIFIED 인증을 받았는데, 이는 2000년부터 시행하고 있는 아동 온라인 개인정보 보호법 COPPA를 준수하고 있다는 뜻입니다. kidSAFE 인증 프로그램과 인증에 대해서 자세히 알고 싶다면 www.kidsafeseal.com/aboutourseals.html를 방문해주세요.

제 아이가 다른 사람들과 채팅이 가능한가요?

네, 모든 게임에는 채팅 기능이 있어서 같은 게임을 하는 사람들끼리 대화가 가능합니다. 내 계정 설정에서 개인정보 설정을 통해서 누가 아이와 대화가 가능한지 설정이 가능합니다. 커뮤니케이션 설정에서 아이가 누구와 메시지가 가능한지, 웹사이트 채팅이나 게임에서 대화할 수 있는지 설정이 가능합니다.

 ## 채팅창의 부적절한 단어가 검열되나요?

네, 하지만 아이의 계정이 만 13세 이하용이라고 하더라도, 일부 욕설이나 부적절한 언어가 검열되지 않을 가능성이 있습니다. 이건 사실 많은 사용자들이 의도적으로 단어를 문자나 기호로 바꿔서 메시지를 보내서 검열 시스템이 부적절한 단어를 검열하지 못하게 하기 때문입니다.

낯선 사람과 온라인 게임을 하는 것은 항상 이러한 위험에 노출이 될 가능성이 있으며 아직 일어나지 않은 일에 대해서 처리할 방법은 없습니다.

 ## 로블록스를 하는 데 돈이 얼마나 드나요?

로블록스 회원 등급은 4가지가 있습니다. 만약 새로 계정을 만들었다면 무료 등급이며 게임을 하고 자유롭게 게임을 만들 수 있지만 로블록스의 몇 가지 기능에서 제한을 받습니다. 프리미엄 아이템을 살 수 있는 로벅스를 매달 받지 않으며 그룹을 생성하지 못하거나 전용 아이템을 못 사는 등, 여러 제한이 있습니다.

Premium 멤버십은 3가지 등급으로 나눕니다. 450, 1000 그리고 22000이 있는데 가격으로 혜택이 나뉩니다. 각 멤버십이 월마다 돈을 주고 구독할 가치가 있는지는 아이가 얼마나 로블록스를 자주하고 게임에서 뭘 하는지에 따라서 다릅니다.

만약 당신의 아이가 단순히 로블록스에서 무료 게임만 한다면 굳이 프리미엄 멤버십에 가입할 필요는 없지만 만약 아이가 게임에 있는 아이템들이나 콘텐츠를 팔고 게임 내 커뮤니티들에 뛰어드는 것에 관심이 있다면 멤버십 중 하나에 가입하고 싶어 할 겁니다.

 ## 로블록스가 어떻게 다른 브랜드의 저작권을 쓰고 있나요?

로블록스는 특이한 플랫폼인 것이, 엄밀히 말하면 로블록스는 무료로 즐길 수 있는 게임이고 다른 사람들이 만든 창작물을 호스트하는 역할만 하기 때문에 저작권 소유 문제가 생기는 일은 없습니다. 하지만, 사람들이 포켓몬 브릭 브론즈처럼 명백하게 저작권이 있는 것을 따라 만들었다면 이야기가 달라집니다.

결국에는 모든 것은 창작물을 올리거나 제작하는 유저의 책임에 달려 있습니다. 만약 저작권이 있는 사진, 음악 아니면 로고를 올린다면 이에 따른 문제는 개인이 책임져야 합니다.

 ## 로벅스가 뭔가요?

로블록스에서만 사용 가능한 가상 화폐인 로벅스는 가게에서 산 로벅스 카드 아니면 신용카드로 구매가 가능합니다. 로벅스는 일회 결제 아니면 매달 구독을 해서 구독 혜택으로 로벅스를 매달 받을 수 있습니다. 로벅스로 다음과 같은 것들을 구입할 수 있습니다.

- ☆ 특정 게임에 대한 접속 권한
- ☆ 아바타를 꾸밀 아이템
- ☆ 게임에 있는 특별한 기능이나 레벨

어떻게 제 아이가 로블록스에서 돈을 벌 수 있나요?

만약 아이가 로블록스에서 로벅스를 통해서만 플레이가 가능한 게임이나 레벨, 아니면 구매가 가능한 아이템을 만들었다면 사용자들이 구입할 때마다 수입의 일부를 받습니다. 이렇게 얻은 로벅스는 개발자 환전 프로그램 DevEx를 통해서 현금으로 교환이 가능하며 이 과정을 현금 인출이라고 부릅니다. 현금 인출을 위해서는 최소 100,000로벅스를 가지고 있어야 하고, 프리미엄 멤버십에 가입해야 하고, 만 13세 이상이며 그리고 인증된 이메일, 유효한 DevEx 포털 계정이 필요합니다. 또한 로블록스 커뮤니티에서 이용약관을 위반한 상태가 아니어야 합니다. 로벅스 환율은 현실에서처럼 시간이 흐르면서 변동합니다. 로블록스는 상장 회사이며 종목은 RBLX입니다.

 ## 로블록스에 사기꾼이 있나요?

안타깝지만 그렇습니다. 가끔 몇몇 사람들이 무료 로벅스를 준다고 하기도 하고 많은 사용자들이 무료 로벅스를 받을 수 있다는 메시지를 다른 사용자들에게 보내기도 합니다. 하지만 이러한 것들은 전부 사기입니다. 심지어 몇몇 게임들은 게임을 하고 있을 때 작은 창을 띄워서 아이디와 비밀번호를 입력하면 로벅스를 준다고 하는데, 이것도 사기입니다. 로블록스는 이러한 종류의 사기를 감시해서 가능한 빠르게 검열하지만 다른 인터넷 사이트에서 일어나는 사기들과 마찬가지로 종종 보입니다.

추가자료

로블록스는 매우 방대하고 거대한 플랫폼입니다. 이 책 하나로 로블록스에 관한 모든 것을 배우기는 불가능하지요. 또한 로블록스는 플레이어들이 자기들만의 게임을 만들 수 있는 것이기 때문에 계속해서 업데이트되고 바뀝니다. 간단하게 말해서 모든 것을 이해하는 것은 불가능하다는 뜻이죠. 이러한 이유 때문에 로블록스와 로블록스 스튜디오로 가능한 것들을 배우고 싶을 때 도움이 될 추가자료 목록을 넣었습니다.

여기에 있는 몇 가지는 로블록스를 개발한 로블록스 주식회사가 만든 공식 자료이며, 다른 자료들은 이 책처럼 로블록스 개발자와 직접적으로 관련이 없는 사람들이 만든 비공식 자료들입니다.

01 공식 자료

로블록스를 플레이하거나 게임을 만들 때 도움이 될 수 있는 정보들이 있는 공식 자료 목록입니다. 여기에 있는 모든 자료들은 로블록스를 개발한 로블록스 주식회사가 만들었습니다.

① 로블록스 블로그

로블록스 웹사이트를 둘러보면 블로그를 볼 수 있는데, 여기서 며칠에 한 번씩 새로운 게시글이 올라오니 자주 챙겨 보는 것을 추천합니다. 블로그는 개발자들이 뉴스 그리고 공지사항이나 이벤트, 새로운 기능 아니면 게임 내 토너먼트들과 같은 정보를 알리는 곳입니다. 로블록스를 오랫동안 해보셨다고 해도 놓쳤을지 모르는 정보가 있을 수 있기 때문에 한번 살펴 보는 것이 좋습니다. 이 링크로 로블록스 블로그를 방문하세요. https:// blog.roblox.com

② Roblox Creator Documentation

여기서는 당신이나 아이가 로블록스 스튜디오에 대해서 차근히 배울 수 있는 다양한 튜토리얼들을 찾을 수 있습니다. 여기서 수많은 API 레퍼런스 리스트와 게임이나 콘텐츠를 만들 때 도움이 되는 자료들도 찾으실 수 있습니다. https://create.roblox.com/docs에서 튜토리얼을 찾아보세요.

③ SNS 계정

로블록스 개발자들은 트위터, 페이스북, 인스타그램처럼 계속 게임의 정보를 업데이트해주는 SNS 계정들을 운영하고 있습니다. 모두 수십만 명의 팔로워를 가지고 있는 공식 계정들이며 주로 트위터와 페이스북 계정에 아까 설명해드린 블로그 게시글들의 링크를 올리고, 인스타그램 계정에는 로블록스에서 가장 인기가 있는 게임들 사진이나 스크린샷을 올립니다. 나이가 어리다면 부모님에게 이러한 계정들을 살펴봐도 되는지 물어보세요.

☆ www.instagram.com/roblox/

☆ www.twitter.com/Roblox

☆ www.facebook.com/Roblox/

④ 로블록스 유튜브 채널

이 책을 다 읽고 나면 공식 로블록스 유튜브 채널을 확인해보는 것을 적극 추천합니다. 로블록스에 있는 게임들이 가지고 있는 좋은 기능들을 설명해주는 영상들로 가득합니다. 제가 가장 좋아하는 영상은 Roblox University 시리즈인데, 특정한 종류의 게임들을 만드는 유용한 방법들을 알려줍니다. 나이가 어리다면 부모님들에게 이런 영상들을 봐도 되는지 물어보는 것이 좋습니다. (채널 링크 : www.youtube.com/Roblox)

로블록스에 대한 정보를 알 수 있는 이런 것들은 외부 자료들입니다. 로블록스는 매우 복잡하고 항상 바뀌기 때문에 커뮤니티에 있는 똑똑하고 열정이 넘치는 사용자들이 모여서 로블록스와 로블록스 스튜디오에서 어떻게 무엇을 하는지에 대한 설명 영상들과 튜토리얼들을 만들어놨습니다. 그리고 저, 그리고 대부분의 로블록스 개발자들도 온라인에서 찾을 수 있는 비공식 자료를 인정하지 않았다는 것을 염두에 두셔야 합니다.

⑤ 유튜브 튜토리얼

유튜브에 가서 로블록스에 관하여 검색을 해보면 수천 개의 검색 결과가 나옵니다. 매달 수만 명의 사람들이 로블록스를 하니까 많은 사람들이 로블록스에 관한 영상도 많이 만들 겁니다. 그러니 로블록스에서 스크립트를 어떻게 짜는지 아니면 특정한 게임을 어떻게 만들어야 하는지 자세히 알고 싶다면 유튜브에서 찾아 볼 수 있을 겁니다. 한 가지 아셔야 하는것은 여기에서 볼 수 있는 것들은 로블록스 공식 유튜브 계정이 아닌 한 로블록스 제작자가 만든 것이 아니라는 겁니다. 나이가 어리다면 부모님들에게 유튜브에서 검색을 해도 되는지 물어보는 것이 좋습니다.

제 유튜브 채널인 www.youtube.com/CodePrime8은 전 연령대가 보기 좋으며 어떻게 게임을 만드는지 설명하는 튜토리얼이 있고, 주로 스크립트를 다룹니다.

BunnyFilms, www.youtube.com/BunnyFilms는 전 연령대가 보기 좋은 채널로, 제가 개인적으로 아는 사람이 운영합니다. 주로 스크립트를 하고 빌딩을 하는 방법을 다룹니다.

AlvinBlox, www.youtube.com/AlvinBlox도 모든 연령대가 보기 좋으며 저도 프로그래밍 기술을 배우기 위해서 몇 번 본 적이 있습니다.

⑥ 기타 인터넷 자료

제가 말한 것 외에도 구글에서는 로블록스에 대해 많은 것을 찾을 수 있습니다. 나이가 어리다면 부모님에게 인터넷에서 검색하기 전에 허락받는 것이 좋습니다. 늘 그렇듯이, 조심하고 즐거운 시간 보내세요! 다음에 봅시다!

나만의 로블록스 게임 만들기

1판 1쇄 발행 2023년 1월 31일

저　　자 | 데이비드 재그노, 히스 해스킨스
역　　자 | 최성진
발 행 인 | 김길수
발 행 처 | (주)영진닷컴
주　　소 | (우)08507 서울특별시 금천구 가산디지털1로 128 STX-V 타워
　　　　　4층 401호 ㈜영진닷컴
출판등록 | 2007. 4. 27. 제16-4189호

ⓒ2023. (주)영진닷컴

ISBN | 978-89-314-6774-1

http://www.youngjin.com